京都を愉しむ
Pleasure in Kyoto

京都 琳派をめぐる旅

a Journey into the RIMPA of KYOTO

琳《りん》派《ぱ》ってなに？

リンパ腺じゃないよ。

ニッポン画家　山本太郎

みなさんは日本美術の中で「琳派」という言葉を聞いたことがあるでしょうか。**「そもそも日本美術ってなんだか難しそう」「琳派ってなんとなく聞いたことはあるけどよく分からない」**という方もいらっしゃるかもしれません。

実は琳派は現代に通じるデザインセンスを持った、私たちにも分かりやすい美術なのです。私は琳派には三つの特徴があると思っています。**「リスペクト―前の世代への憧れ―」「デザインセンス―有力町衆（富裕層）に向けたキラキラ、ワクワクしたデザイン―」「アレンジ―時代ごとに変化していくこと―」**です。

琳派は江戸時代に隆盛し数百年を経て現代まで続いていますが、第一世代のときからすでに過去の優れた文化への憧れ、リスペクトを内包しています。琳派の下敷きになったものの一つは平安時代の貴族が培った文化です。そもそもこれらは現代のセレブ以上に**セレブリティー**だった貴族などの上流階級が愉しんだものです。デザインセンスは抜群です。また琳派のもう一方の源流は古典絵画の大和絵です。中国などの大陸系の絵画と比べるとやや平面的で、どちらかといえば画面構成（デザイン）で魅せていく特徴があります。琳派の絵師たちはそういった過去の素晴らしいものを当時の現代であった江戸時代の感覚でリバイバルさせたのです。

普通、江戸時代までの絵師という仕事は他の様々な職業と同じように家族や血縁によって営まれていました。家族以外の場合、厳格な師弟関係によって技術や画風は受け継がれていきました。日本の美術史上で有名な狩野派や土佐派、住吉派などの流派もそういった血縁による制度でした。能狂言や歌舞伎など古典芸能の世界では今でもこれと同じような制度が残っているので現代の私たちにも想像しやすいと思います。

琳派はこういった通常の日本美術の流派とは違った伝わり方をしています。琳派は血縁や師弟関係で続いてきたものではありません。前の世代のものに次の世代が憧れ、採り入れ、それがまた次の世代に続いていくという形で現代にまでその美意識が伝わりました。それぞれの世代は70年から１００年ほど間が開いている場合もあります。それは現在でいうところの「movement《ムーブメント》＝運動≒流れ」に近いと思います。琳派は日本文化の中で長期間続くムーブメントだととらえるとその本質に近づけるのではないかと考えています。

琳派は専門家の中でもその定義に様々な考え方が出されていますが、この文章では琳派をムーブメントと考えてその流れを時代順に追っていきましょう。

先ほども少し出てきましたが、まずは**プレ琳派**とも言える大和絵のことをご紹介します。

日本の古典絵画の系統は大きく二つに分かれます。中国の絵画作品をベースとした漢画系の流れと、それを和風にアレンジした大和絵系です。琳派の作家が参考にしたのは恐らく大和絵の系譜の作品です。古い時代の大和絵の作品の大半は名前が分かる特定の絵師ではなく、職人の手によって描かれました。大阪の金剛寺に伝わる「日月山水図屏風」には日本昔話に出てきそうな丸みを帯びた山や、後の琳派の絵師が描いたキャラクターのような**カワイイ松**が描かれています。また**金銀箔を使用した装飾性**も琳派の絵師に通じる特徴です。同時代の論理的に構築された堅い中国絵画と比べると、柔らかくやや情緒的な印象を受けます。こういった大和絵の画風と王朝文化が持っていた華やかさをベースに、江戸時代の京都の町衆の感覚をプラスした作品が生まれてきました。琳派ムーブメントのスタートです。

琳派ムーブメント第一世代は桃山時代から江戸時代初期に活躍した**本阿弥光悦**《ほんあみこうえつ》（1558〜1637）と**俵屋宗達**《たわらやそうたつ》（生没年不詳）です。本阿弥光悦は京都で活躍した人物です。家業は室町時代から続く刀剣の鑑定、研磨などを営んでいました。今では少し想像しにくいのですが、日本刀には実に幅広い工芸の技術が使用され、それを統括するような本阿弥家は京都でも名家でした。こういった家庭環境の中で光悦の美意識は徐々に洗練されていったのではないかと言われています。

一方の俵屋宗達は生まれ育ちがはっきりとはせず、**謎の絵師**と呼ばれています。宗達が文献上初めて出てくるのは同時代の仮名草子『竹斎』です。この本の中で京都で『源氏物語』の絵を描いた**俵屋の扇**が流行っていることが表記されています。俵屋は宗達が代表を務めていたお店の屋号（ブランド名）です。俵屋は絵屋という仕事を営んでいました。この絵屋という職業は扇や色紙などの小さいものから注文で大きな屏風まで絵を描くといったことをやっていたようです。洋服で言えば既製服から**オートクチュール**までこなすブランドといったところでしょうか。扇はその当時の**ファッションアイテム**ですので、江戸時代初期の京都では俵屋の扇が今日のブランド品のような扱いだったのかもしれません。もちろん宗達はファッションだけに収まる活動をしていたわけではありません。光悦と出会うことで幅広い才能を開花させていきます。

その当時の裕福な町衆は和歌、書、お茶、お能など一通りの文化を教養として身に付けていましたが、その中でも光悦は一流の才能を持っていました。特に書は別格で「寛永の三筆」と称されています。この能書家（すぐれた文字を書く人）だった光悦の和歌巻に宗達が下絵を提供したことで二人はアーティストとして急接近していきます。

京都の名家のおぼっちゃまと叩き上げの謎の絵師とのコラボ関係のはじまりです。実はこの琳派が**ニコ**

イチで盛り上がる構図は後の世代にも不思議と繰り返し表れます。

宗達は1602年（慶長7）には現在国宝となっている「平家納経」の修理に携わったとみられています。これも光悦の推薦があったのではないかと専門家の間では考えられています。

また大型の屏風作品も多数手掛けています。「舞楽図屏風」「関屋澪標《みおつくし》屏風」など残っているだけでも傑作が多くあります。同じく大作でも建築と一緒になった襖絵や杉戸絵では京都・養源院の「白象図」が有名です。琳派の代表的イメージとなっている「風神雷神図屏風」も描きました。この「風神雷神図」の構図は後に琳派の絵師に受け継がれていくことになります。

華やかな彩色の作品だけではなく、水鳥や小犬をモチーフとした可愛らしい水墨画の小品も残しています。このことからも宗達の多様な活動が見て取れます。

宗達の絵は、同時代の武士につかえた絵師集団の狩野派と比べると大作も小品もどこかコミカルでユルい印象を受けます。狩野派が男の子的な理屈っぽいプラモデルだとすれば、宗達の絵は理屈抜きに**カワイイぬいぐるみ**のようです。琳派はその最初からユルさ、可愛さを持っていました。私はこの特徴を**「ゆるりんぱ」**と呼んでいます。

一方、光悦はプロの絵描きではありません。しかしその後の琳派の美意識に大きな影響を及ぼした**アーティスト兼プロデューサー**でした。アーティストとしては書、和歌、茶器などを残しています。しかし最大の功績はこの400年続く琳派ムーブメントの礎《いしずえ》を作ったことでしょう。町絵師だった宗達を発見しプロデュースしたことで絵画としての琳派の方向性は決定付けられました。

また、光悦は宗達以外にもたくさんの職人たちと共作することで琳派に多様な広がりをもたらしました。

陶器、漆器などの工芸品はもちろん、茶道、能楽といった分野との結び付きは現代で言うところの**異分野間のコラボレーション**よりもさらに自然で親密です。これらすべてを総合した本人の活動そのものが光悦の作品と呼べるのかもしれません。

光悦最大の作品は徳川家康から拝領した洛北・鷹峯《たかがみね》につくった**光悦村**でしょう。宗達こそそこに参加しなかったものの、たくさんの職人を引き連れて移り住み芸術家村のようなものをつくり上げたのです。２０００年代以降、アーティストは地域をベースにしたり、小さなコミュニティーをつくることがトレンドとなりつつありますが、光悦が行ったこの行為はそれに先んじるものと言えるかもしれません。２０１５年は琳派４００年記念祭として京都を中心に盛り上がっていますが、それもこの光悦が鷹峯に土地を拝領した年を基準としています。

第二世代は江戸中期、代表は何と言っても**尾形光琳**《おがたこうりん》（１６５８〜１７１６）と**乾山**《けんざん》（１６６３〜１７４３）兄弟です。光悦や宗達の時代からすでに１００年ほどが経過しています。二人は高級呉服商の雁金屋《かりがねや》の次男と三男として京都に生を享けました。今「琳派」と呼んでいる、この「琳」の字も尾形光琳からきています。「琳」という字は輝く珠という意味があるそうです。まるで**キラキラネームの元祖**のようなネーミングですね。

光琳は裕福な商人の次男坊なので元々は絵描きが本業ではありませんでした。能楽などと同じく絵画も教養としての習い事の一つだったようです。若い頃は能楽の方にむしろ傾倒していたらしく、父親の宗謙が他界した際も能装束を含む道具一式を遺産として受け継いでいます。生家の雁金屋を継いだのは長男の藤三郎でしたが、その頃でも光琳は趣味に生きる放蕩三昧を送っていたようです。今で言うところの高等遊民的立場でした。しかし次第に雁金屋は経営が傾き始め、いよいよ光琳も別の何かを本業として働かなければいけなくなります。弟の乾山に諭されたこともあり光琳は絵を本業として選びます。絵を選ばず能でも選んでいたら現在の琳派の歴史は成り立たなかったことでしょう。また、こういった場面で絵師を職業として選ぶのが現代とは少し違う感覚で面白いところです。今風に言えば育ちもセンスも良い大手アパレル会社の次男坊が小さなデザイン会社を立ち上げたような感じでしょうか。当初はその当時のアカデミズムである狩野派を習っていたようですが、宗達の作品を発見したことで琳派に目覚めます。宗達の代表作「風神雷神図屏風」や「槇檜図屏風」をアレンジして模写しました。

光琳の代表作は何と言っても「燕子花図屏風」と「紅白梅図屏風」です。二つの作品の間には若干の作風の違いはありますが、宗達よりもデザイン性の強いさらに華やかな色彩が特徴と言えるでしょう。高級呉服商人の次男らしいおしゃれな作風です。時代的にも宗達から１００年ほど離れた華やかな元禄時代らしい雰囲気とも言えます。また、必要なモチーフのみを象徴的に描く手法は若い頃に傾倒していた能楽の影響があるのかもしれません。**写実的**な植物の描写と金箔・銀箔による**抽象的な空間**、あるいは流水などの**大胆にデザインされた図様**という一見一つの作品の中では成立しない要素を絶妙なバランスで組み合わせることは前の世代の宗達から行われてきましたが、それを完璧なセンスで大成させたのが光琳だったのです。光琳は今で言うなら歌って踊れる（能楽なので謡って舞えると言うべきかもしれません）**イケメンアーティスト**といったところでしょうか。実際光琳はモテていたらしくたくさんの奥さんや多くの女性がいたこともわかっています。

同じ兄弟ながら乾山は作風や生き方が光琳とは少し違います。文人に憧れ、世の中の喧騒から離れた隠遁生活を志向しました。絵画作品よりも主に作陶に才能を発揮しています。同時代の野々《のの》村仁清《むらにんせい》に焼物を教わったとされ、独創的な陶器をつくりました。また兄の光琳が絵付けをしたコラボレーションの陶器も制作しています。

リア充の兄としっかり者でややオタク気味の弟の兄弟はアートを制作する上ではこれ以上ない名コンビとなり

ました。
ムーブメント第三世代は江戸時代後期の**酒井抱一**《さかいほういつ》（1761～1828）と**鈴木其一**《すずききいつ》（1796～1858）です。抱一は大名、酒井家の次男です。光琳も裕福な呉服商、雁金屋の次男でしたが今度は本当のお殿様の次男つまりリアルセレブの登場です。酒井家は姫路藩（今の兵庫県）が本拠地ですが抱一は江戸屋敷で育ち、その後庶民的文化に親近感を持ち市中に暮らしました。
抱一は**光琳の美術の再発見者**です。抱一と光琳の活躍した時代にはおよそ100年ほども隔たりがあります。しかしそれでも光琳の作品を探し求め、写生を残して（その当時はもちろん写真がありませんでした）それを元に『光琳百図』といった光琳の版画カタログを作成しました。また光琳の百回忌の折には法要も行いました。ある意味、今に続く琳派のムーブメントを分かりやすく一般に広めた人と考えても良いかもしれません。
どちらかといえば光琳の中でも洗練された作品に触発されたらしく、抱一の画風はそれよりもさらにスマートなものになっています。京都生まれの琳派に**江戸前風のキレの良さ**を加えたアレンジが抱一風と言えるかもしれません。
光琳へのリスペクトはとどまるところを知らず、光琳の「風神雷神図屏風」の裏面に抱一は自身の代表作である「夏秋草図屏風」を描きました。しかも雷神の裏には雨に濡れる夏草を、風神の裏面には風になびく秋草を描くといった凝りようでした（※現在では別々の屏風に仕立て直してあります）。
鈴木其一は抱一の弟子です。この二人の間には**非常に親密な師弟関係**があったようです。直接の師弟関係が今まであまり浮上してこなかった琳派の流れの中では珍しい例かもしれません。抱一存命中は師匠の代筆を請負うなどかなり二人の作風は似通っていました。しかし没後は自らの作風が出てくるようになります。幕末に生きた作家のため**近代的なデザインの匂い**のする作風とでもいうような華麗な作品を残しています。代表作の一つ「朝顔図屏風」は光琳の「燕子花図屏風」を想起させる金地に群青と緑青の組み合わせを用いて、さらに動きのある画面を作り出しています。

琳派の絵師というと今まではおおよそこういった人たちの名前が上がることがほとんどでした。しかし最近は琳派研究も進みさらに多様な作家にも光が当たるようになってきました。

中村芳中《なかむらほうちゅう》（生年不詳〜1819）は酒井抱一と同時代の絵師ですが、京都でも江戸でもなく大坂で主に活動していました。同時代の抱一が琳派の**スマートなキレのある部分**を受け継いだとすれば芳中はその逆で**ユルいカワイイ部分**を受け継いだ作家と言えるでしょうか。

その後、江戸に行き『光琳画譜』なる本を出版しています。酒井抱一も『光琳百図』を出版したと書きましたが、抱一とは違い、芳中の『光琳画譜』に収められている絵は光琳風の自分の作品です。その辺りが同時代に光琳に傾倒していたといいながら、二人のキャラクターが違うことを端的に表していて興味深いところです。

琳派の特徴として丸みを帯びた松の描き方がありますが、芳中の松はデフォルメが進みすぎて最早松を通り過ぎて傘の丸いキノコのようです。その丸みは今の**ゆるキャラ**にも通じる可愛らしさです。第三世代の隠れキャラ的な扱いですが、今後はもっと注目されていくかもしれません。「白梅小禽図」は芳中の良い意味でのユルさが充満して金屏風の大作ながら威圧感を全く与えない不思議な作品です。芳中は**ゆるりんぱ**の代表的な絵師と言えるでしょう。

江戸時代から近代に橋渡しした第四世代は神坂雪佳《かみさかせっか》（１８６６〜１９４２）です。生まれは江戸時代ですが、明治、大正という近代に活躍しました。また長寿でしたので亡くなったのは昭和になってからで、もっとも現代に近い琳派の作家です。渡欧した際にヨーロッパでジャポニスムが流行っているのを見た雪佳は、自国の美術の特徴を自覚します。そこで**日本美術の特徴がもっとも顕著に表れた**琳派の作品に注目するようになりました。

雪佳は時代的には横山大観《たいかん》や竹内栖鳳《せいほう》と同時代に生きていました。しかし近代化以降の他の日本画家たちが純粋美術にこだわるようになったのとは対照的に、美術作品のみならず図案家として優れたデザインをたくさん残しています。そこが近代の琳派作家と呼ばれる所以でしょう。工芸とのコラボレーション作品、また版画作品も多数残しています。版画作品「百世草」の中には風神雷神を大胆にアレンジしたような「雷図」も描いています。

琳派は**およそ１００年ごとにムーブメントが再燃する**というのはよく指摘される特徴ですが、もう一つ興味深い特徴として世代ごとに名コンビがいることが挙げられます。神坂雪佳にも祐吉（１８８６〜１９３８）という実弟がいました。祐吉は蒔絵師で雪佳の図案による作品が多数存在しています。この兄弟関係はまるで江戸時代の尾形光琳、乾山を彷彿とさせます。やはり琳派はニコイチで盛り上がるのです。

純粋美術に収まらないデザイン性が琳派の特徴であれば雪佳はその正統的な後継者と言えると思います。だからと言って日本画の作品も同時代の他の画家とくらべて遜色があるわけではありません。「金魚玉」は琳派の特徴的技法である**たらしこみ**の有機的表現と雪佳の洒脱《しゃだつ》な感性、近代的なデザイン感覚が融合した名品です。また中村芳中と同じように雪佳の作品には**独特の気持ちの良いユルさ**が漂っています。

ユルい雰囲気なのにどこか品がある、という言葉にすると矛盾するような表現を琳派の絵師たちはそれぞれの作品のなかで軽々とやってのけているのです。

その後も琳派の美意識、デザインセンスは時代を超えて受け継がれていきました。安田靫彦《ゆきひこ》や前田青邨《せいそん》といった近代の日本画家に受け継がれた部分もあれば田中一光《いっこう》のように現代のデザイナーが琳派のモチーフをポスターに使用する例もあります。

琳派ムーブメントは括《くく》り方自体にユルさがあるため、その時代ごとに新たなアレンジを加えてなんどもリバイバルしてきたのです。江戸時代より前から現代まで４００年以上の時代を超えて**ワクワク感、キラキラ感**を伝えてくれるのは日本美術の中では琳派以外に見当たりません。

４００年記念というこの機会にあらためて琳派を見直すことで、それぞれの感覚にあった琳派のアーティストや作品を探すのもオススメです。そして生まれつつある現代の琳派を探すことは、今の時代にしかできない最高の楽しみだと思います。ここまで読んでお分かりのように、琳派は実作者だけではなく、その時代その時代に琳派を楽しみ、愛した市中の人々に支えられて続いてきたムーブメントなのです。

琳派ムーブメントを次の時代に橋渡しするのは、この本を読んでいるあなたかもしれません。

それでは琳派を探しに

街に出かけましょう！　案外あなたの家にもあるかもしれません。

3P 「春今山水図」 紙本銀地着色 2014 年
5P 「羅陵王エレファント」 紙本金地着色 2014 年
7P 「杜若家鴨図」 絹本金地着色 2011 年
9P 「大暑 金網朝顔図」 紙本金地着色 2013 年
11P 「信号住の江図」 紙本銀地着色 2015 年
12P 「崑崙八仙プレイグラウンド」 紙本金地着色 2014 年
13P 「立雛キューピッド」 紙本金地着色銀彩 2014 年

《山本太郎　略歴》

1974　熊本県に生まれる

1999　ニッポン画を提唱

日本の古典絵画と現代の風俗が融合した絵画を描き始める

2000　京都造形芸術大学美術学科日本画コース卒業

現在　秋田公立美術大学　アーツ＆ルーツ専攻　准教授

2015　京都府文化賞奨励賞受賞

目次

京都を愉しむ
Pleasure in Kyoto

京都
琳派をめぐる旅

a Journey into the RIMPA of KYOTO

凡例

●商品の価格やその他料金などは、基本的に税込価格（8%）です。
●本書に掲載されているデータは2015年3月時点のものです。変更の可能性もございますので、ご了承ください。
●美術館などの入場料は大人料金を基本にしています。
●開館・拝観・営業の時間については、閉館・拝観締め切りまたは、閉店時間を基本にしています。ただし飲食店のラストオーダーは「L.O.」で表記しています。
●休業日については定休日のみを表示し、臨時休業、お盆や年末年始の休みは省いています。
●ローマ字はヘボン式で表記しています。

京都　琳派をめぐる旅

京都 琳派をめぐる旅①

鷹峯《たかがみね》エリア

ゆるやかな坂道がずっと続く鷹峯街道。その上に位置するのが、かつて本阿弥光悦が徳川家康からその土地を拝領し、一族や様々な工芸にたずさわる職人らと移り住み、芸術村を営んだ鷹峯。

バスを降り、最初に訪れたのが光悦寺。ここは、かつて光悦が庵を結んだ地で、光悦の亡き後、光悦が深く信仰した日蓮宗の寺院となりました。

割り竹を粗い菱形に組み、上に割り竹をのせ、なだらかなカーブを描く独特の光悦垣は有名ですが、もうひとつ特筆したいのは、ここから望む鷹峯三山（鷹峯、鷲峯《わしがみね》、天峯《てんがみね》）の姿。下に民家が建ってては

光悦寺 光悦垣

KOETSUJI
Takagamine

いますが、光悦が見た山並みと同じ。もこもことした山の姿は、花札の8月の「芒」の絵柄の元になったという説もあるそうです。
　光悦寺の向かい側にあるのが、「悟りの窓」「迷いの窓」で名高い源光庵。丸い「悟りの窓」は、あ

光悦寺

鷹峯にある日蓮宗の寺院。元和元年（1615）に本阿弥光悦が徳川家康から拝領した土地に草庵を結び、法華題目堂を建てたのが始まり。その折、本阿弥家の先祖供養のために造った位牌堂が光悦の死後、光悦寺となった。境内には三巴庵、了寂軒など趣の異なる７つの茶室が点在する。

北区鷹峯光悦町 29
℡ 075-491-1399
拝／８：00～17：00
料／ 300 円
11 月 10～13 日は拝観不可

Route

Start 「鷹峯源光庵前」バス停
▼
光悦寺
▼
源光庵
▼
常照寺
▼
松野醤油★
▼
本阿弥光甫舊屋敷跡
▼
都本舗 光悦堂★
▼
御土居
▼
鷹ケ峯薬草園跡
▼
御土居史跡公園
▼
今宮神社
▼
一文字屋和輔★
▼
Goal 「船岡山」バス停

★は立ち寄りスポット

GENKOAN
Takagamine

りのままの自然の姿。悟りの境地であり、丸い形は大宇宙を表現しています。

一方、四角い「迷いの窓」は「人間の生涯」を四つの角で象徴しています。この窓が生老病死の四苦を表しているのだとか。しばし、ゆったりと座り、心静かに窓と向き合う時も良いものです。

通りの一番東に位置するのが、常照寺。光悦が土地を寄進して建てられました。後には「鷹峰檀《だん》林《りん》（学寮、仏教の学問所）」が作られ、最盛期には多くの学僧で賑わった

源光庵

貞和2年（1346）、大徳寺2世・徹翁義亨（てっとうぎこう）が開創し、後に加賀の大乗寺27代・卍山道白（まんざんどうはく）禅師により曹洞宗とされた。本堂の天井は伏見城の遺構でもある血天井で、「悟りの窓」と名付けられた円窓と「迷いの窓」と呼ばれる四角い窓が有名。また本堂裏の「鶴亀の庭」は見事な枯山水庭園で、紅葉の時が一段と美しい。

北区鷹峯北鷹峯町47
℡ 075-492-1858
拝／9：30～17：00
料／400円

源光庵
悟りの窓・迷いの窓

常照寺 吉野門

JYOSYOJI
Takagamine

境内の片隅にそっと置かれた、以前使われていた瓦。よくみると波兎が。ここにも琳派。

と言われています。

ところで同寺は六條三筋町の名妓・吉野太夫が深く帰依し寄進したといわれる吉野門でも知られています。吉野太夫といえば江戸時代前期の京の豪商・灰屋紹益とのロマンスは歌舞伎や演劇にもなるほど有名。境内には紹益との比翼塚や太夫の墓、また太夫が好んだという吉野窓を設えた茶室・遺芳《いほう》庵《あん》があります。

この茶室の丸窓、下の部分がわずかに切られ完全な円ではありません。円は悟りを意味し、不完全

常照寺

本阿弥光悦が元和２年（1616）に土地を寄進。息子の光瑳（こうさ）の発願により日蓮宗中興の祖・日乾（にちけん）上人が創建した。寛永４年（1627）には僧侶たちの学問所、鷹峯檀林を開設。広大な境内には大小の堂宇が立ち並び、最盛期には300人ほどの僧侶が勉学に励んだといわれる。また、２代目吉野太夫が寄進した朱塗りの山門「吉野門」も有名。

北区鷹峯北鷹峯町１
TEL 075-492-6775
拝／8：30～17：00
料／300円

茶席・遺芳庵。軸は太夫没後、夫の灰屋紹益が描かせたという「吉野太夫像」。毎年4月第2日曜日には同寺で吉野太夫花供養が行われる。

当時、鷹峰檀林にかかげられたという、光琳の手になる扁額「学室」が大切に保存されている。学僧たちは学業や勤行、礼儀作法、掃除などの教育を受け、その生活は厳しい「山門永則」に定められていた。

奥田正叡住職より秘蔵の「蓮乗日輪」図を見せて頂く。熱心な法華経信者であった光悦筆による蓮弁の上にのった大胆な日輪が画面一杯に描かれている。蓮弁に「たらし込み」の技法が使われ、ここにも琳派が見られる。

な円はまだ悟りに至らないことを示しているのだとか。太夫の戒めの心がここに見受けられます。

実は鷹峯は御土居《おどい》が残っていることでも有名。御土居とは、豊臣秀吉が天正一九年（一五九一）、外敵からの防塁と鴨川の堤防として、京都を囲んだ土塁。街道付近には今も御土居の姿を見ることができるので、ぜひ訪れてみてはいかがでしょう。帰りは今宮神社まで散策して、あぶり餅をいただくのもおすすめです。

立ち寄りスポット Pickup!

醤油

松野醤油

文化２年(1805) 創業、今なお手造りにこだわり醤油づくりを行っている老舗醤油店。鷹峯の水と丹波大豆、麹を使い、100年以上使い込んでいるという大木樽で京醤油を仕込まれた醤油は味も香りも格別。お土産にもおすすめ。

北区鷹峯土天井町 21
TEL 075-492-2984
営／9：00～18：00
休／木曜

左・煮物や京料理にかかせない、うすくち醤油 280 円～
中・何にとも相性がいい、柚子ぽんず醤油 594 円～
右・昔ながらの製法で作り上げた本醸造のこいくち醤油 280 円～

1 人前 500 円　土産用は 3 人前 1,500 円～

あぶり餅

一文字屋和輔

今宮神社参道に立つ、あぶり餅の店。開業は長保２年(1000)。その頃より始まった「やすらい祭」に同餅を供えて食べたところ疫病を免れたことから、無病息災を祈る厄除けの餅とされてきた。一つずつ丁寧に丸めて竹串にさし、炭火であぶり香ばしい焦げ目が付いたところに白味噌タレを絡めていただく。

北区紫野今宮町 69
TEL 075-492-6852
営／10：00～17：00
休／水曜、祝日、毎月 1、15 日（水曜の時は営業、翌日休）

御土居

光悦堂で鍵を借りると、向かい側にある御土居の中に入ることができるので、ぜひ。上から眺める山並は趣深い。

和菓子

都本舗 光悦堂

御土居前に立つ和菓子店。店主考案の御土居をイメージして作られた「御土居餅」と黄粉の風味が香ばしい「光悦垣」が有名。お店の方にお願いをすれば鍵を貸していただけ、御土居の上に立つことができるので、ぜひ。

北区鷹峯旧土居町 1-203
TEL 075-492-0798
営／9：00～19：00
休／木曜

上・光悦垣 1 個 140 円、下・御土居餅 1 個 135 円

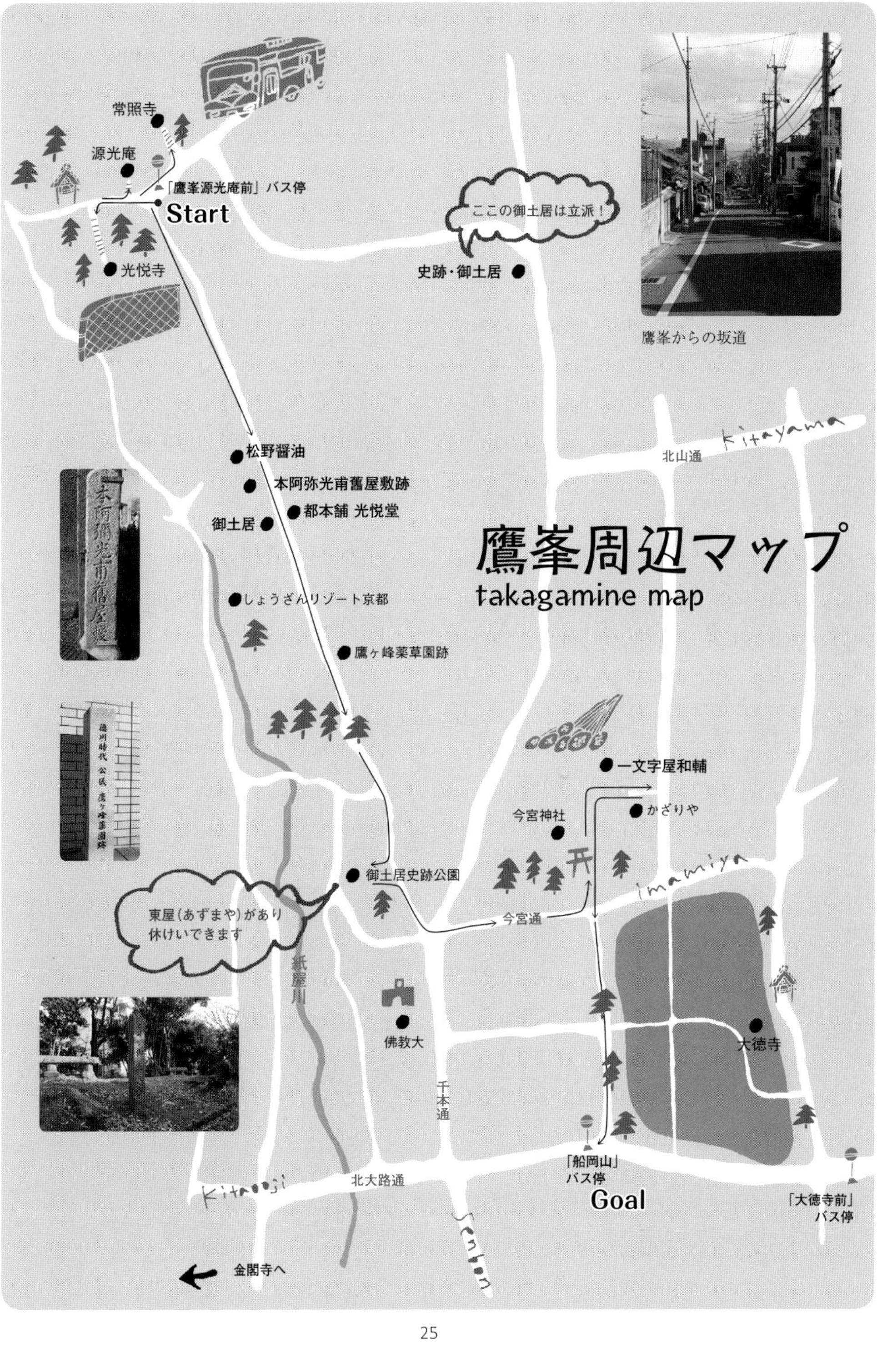
鷹峯周辺マップ
takagamine map
常照寺
源光庵
「鷹峯源光庵前」バス停
Start
光悦寺
ここの御土居は立派！
史跡・御土居
鷹峯からの坂道
Kitayama
北山通
松野醤油
本阿弥光甫舊屋敷跡
都本舗 光悦堂
御土居
しょうざんリゾート京都
鷹ヶ峰薬草園跡
一文字屋和輔
かざりや
今宮神社
御土居史跡公園
imamiya
今宮通
東屋（あずまや）があり
休けいできます
紙屋川
佛教大
大徳寺
千本通
「船岡山」
バス停
Goal
「大徳寺前」
バス停
Kitaooji
北大路通
Senbon
金閣寺へ

京都 琳派をめぐる旅②

洛中エリア

一之船入

角倉了以父子により、慶長 19 年（1614）、京都〜大坂間を結ぶ水運として開削された高瀬川最上流の物資積みおろし場。他に二之船入・三之船入等があったが現存するのは一之船入のみ。現在、高瀬舟を再現・展示されている。

京都市立
銅駝美術工芸高等学校

当時と場所は異なるが神坂雪佳は、同校の前身である京都市美術工芸学校の技師として、また改名後の京都市立美術工芸学校では教諭として 60 歳の定年まで勤めた。

洛中の旅は高瀬川・一之船入から。父・角倉了以と共に高瀬川を開いた素庵は、書を本阿弥光悦に学び、和歌や能、茶道、儒学など幅広い教養を身に付けた文化人でもありました。彼は父の事業を受け継ぎながら豪華な「嵯峨本」の出版をします。「嵯峨本」とは『伊勢物語』『徒然草』、謡本など多岐にわたる一連の書物のことで、多くは雲母《きら》刷りの料紙に平仮名交じりの木版印刷を施した大変豪華な本。これらの制作に光悦や俵屋宗達が関わったといわれています。

角倉親子の事業に思いを馳せ、了以の別邸があったという一之船入、復刻された高瀬舟を見た後は、ザ・リッツ・カールトン京都横の細い路地を北へ。その先にあるが、神坂雪佳が教鞭を執ったという京都市立美術工芸学校の流れを組む銅駝《どうだ》美術工芸高等学校。さらに夷川通を西へ行くと古美術や茶

神坂雪佳や酒井抱一などの画が飾られた2階の座敷。
中央が抱一で両側が雪佳。

京料理

二條ふじ田

京都の人々に絶大な信頼を得る京料理店。料理は全てお任せのコース6480円～で、必ず出されるちらし寿司は絶品。実は二條若狭屋とは兄弟の間柄で、最後に二條若狭屋の生菓子と抹茶が供されるのも楽しみ。

中京区二条通寺町東入ル
TEL 075-213-0511
営／11：30～13：00 L.O.（ランチは不定営業、要予約）
17：00～21：00 L.O.
休／水曜

立ち寄りスポット Pickup!

同店所有の神坂雪佳の絵がデザインされたパッケージの「黒糖わらび餅」と、酒井抱一画の松竹梅がデザインされた「栗かのこ」。

和菓子・甘味

二條若狭屋 寺町店

大正6年（1917）創業の京菓子司の寺町店。喫茶室では季節の和菓子や種類も豊富なかき氷、ぜんざいなどがいただける。曾祖父が神坂雪佳や竹内栖鳳らと交流があったことから、店内には雪佳などの絵画が飾られている。（94頁）

中京区寺町通二条下ル榎木町67
TEL 075-256-2280
営／9：00～18：00（2階茶房は10：00～17：00）
休／水曜

Route

- Start 地下鉄「京都市役所前」
- ▼ 一之船入
- ▼ 京都市立銅駝美術工芸高等学校
- ▼ プティ・タ・プティ★
- ▼ 村上開新堂★
- ▼ 二條若狭屋 寺町店★
- ▼ 二條ふじ田★
- ▼ ひつじ★
- ▼ 宮崎　京指物資料館
- ▼ 二条通新町下ル
- ▼ 然花抄院 京都室町本店★
- ▼ 金座跡・銀座跡
- ▼ 宮脇賣扇庵
- ▼ Goal 地下鉄「京都市役所前」

★は立ち寄りスポット

道具、日本画・洋画などを扱う店が立ち並ぶ寺町通。最近では雑貨店やカフェもできて、ぶらぶら歩くのも楽しい通りです。

寺町通から西の夷川通は両側に家具店が並ぶ「家具の街」。中程に立つ「宮崎」は、江戸時代末期創業の家具店。明治、大正時代には竹内栖鳳《せいほう》や神坂雪佳らが意匠を

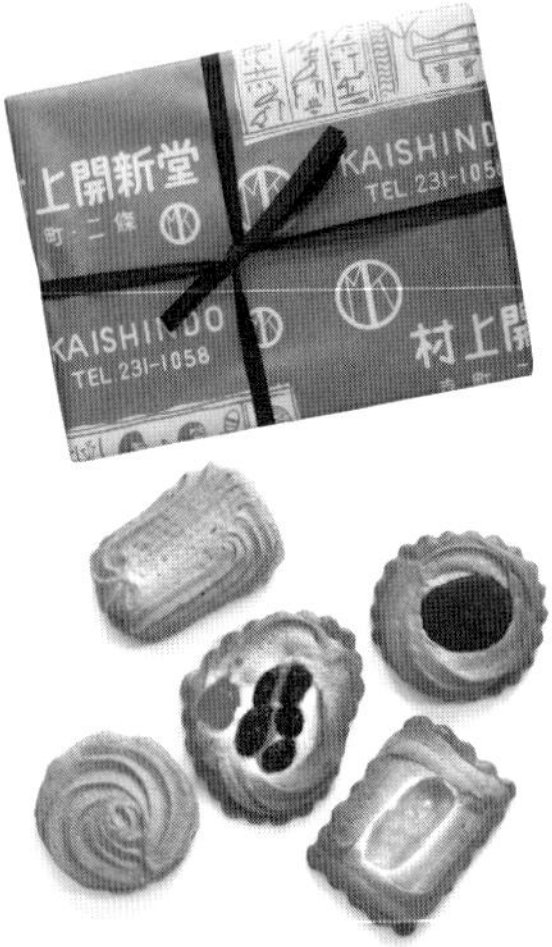

色合いも可愛いロシアケーキは1個194円。味はゆずジャム、ぶどうジャム、アプリコット、チョコ、レーズンの5種類。箱詰もできる。
包装紙はエジプトの壁画とユニーク。

洋菓子

村上開新堂

池波正太郎のエッセイ『散歩のとき何か食べたくなって』にも登場する明治創業の老舗洋菓子店。一枚一枚手焼きされる「ロシアケーキ」は見た目もかわいく、お使い物にも。11～3月限定のみかんゼリー「好事福盧（こうずぶくろ）」、5～9月限定の「オレンジゼリー」もおすすめ。予約が賢明。

中京区寺町通二条上ル東側
℡ 075-231-1058
営／10：00～18：00
休／日、祝日、第3月曜

お茶

一保堂茶舗

享保2年（1717）創業。抹茶から玉露、煎茶、番茶など様々なお茶が揃う日本茶の専門店。喫茶室「嘉木（かぼく）」ではお菓子と共に同店のお茶を楽しむことができる。また、淹れたての煎茶やほうじ茶、抹茶をテイクアウトすることも可。お茶を片手に散策をするのも◎。

中京区寺町通二条上ル
℡ 075-211-3421
営／9：00～18：00
　　喫茶室 10:00～17:30 L.O.
無休

テイクアウトの煎茶とほうじ茶は（温・冷）各324円
抹茶は（432円）

立ち寄りスポット Pickup!

提供。美しい絵が描かれた家具が多数販売されました。その向かい側には京指物資料館（80頁）があり、それらの作品や資料を見ることができます。

　家具店などを眺めながら烏丸通を渡り、一筋目（両替町通）を南へ下がると二条通。かつて二条通は、わらべ唄に「二条で買うた生薬《きぐすり》を」と歌われたとおり、五〇軒を超す薬問屋や薬局があり、「薬の二条」と呼ばれていました。角には、諸人に医療と農耕の術を教えたという神農を祀った、薬祖神祠《やくそじんし》が建っています。

　二条通新町を下ったところは、尾形光琳が江戸から帰京した後に建てた家があった辺り。二階に絵所（画室）を設けた立派な家で、熱海市のMOA美術館には光琳屋敷が復元されています。

　京都国際マンガミュージアムの裏手、両替町通にあるのが京都の

琳派の趣きを持った、竜田川蒔絵皿　12,000円。
店内のディスプレイもすてき。

アンティーク

うるわし屋

主に幕末から昭和初期のアンティークの漆器や伊万里焼、京焼などの器を扱う店。「食器なので使っていただきたいから」と日常の中で使いやすい椀や膳をそろえているのが魅力。
（102頁）

中京区丸太町通麩屋町東入ル
TEL 075-212-0043
営／11：00～18：00
休／火曜

革堂（こうどう）の名で親しまれている行願寺。

寺町通のまちなみ。

サツマイモや丹波黒豆などを使った「和」なドーナツも。
オーガニックスイート＆スパイスティーと定番のメープル、カスタードがたっぷり入ったチョコドーナツカスタード。出される直前にシュガーパウダーがかけられる。

ドーナツ

ひつじ

荒神口の人気ベーカリー hohoemi が手掛けるドーナツ店。「子供たちに安心して食べてもらえるおやつを」と、ふわふわの天然酵母と、もちもちの発芽玄米をたっぷり練り込んだ体に優しいドーナツを販売。少しずつ作られるので常に揚げたてが並び、奥のカフェでいただくこともできる。

中京区富小路夷川上ル大炊町 355-1
TEL 075-221-6534
営／10：00～19：00（売り切れ次第閉店）
休／月・火曜（臨時休あり）

職人により、ひとつずつ手作りされた、がま口 2,376 円。散策する時のお財布はコンパクトにするのが◎。

雑貨

プティ・タ・プティ

イラストレーターのナカムラユキさんとプリンティング・ディレクターの奥田正広さんが手がけるテキスタイルブランドのショップ。京都の山並みと鴨川の流れをモチーフにした「レ・モンターニュ」など、やさしい色使いと上品なデザインが人気。バッグやクッション、御朱印帖など様々なアイテムが揃う。

中京区寺町通夷川上ル藤木町 32
tel 075-746-5921
営／11：00～18：00
休／木曜

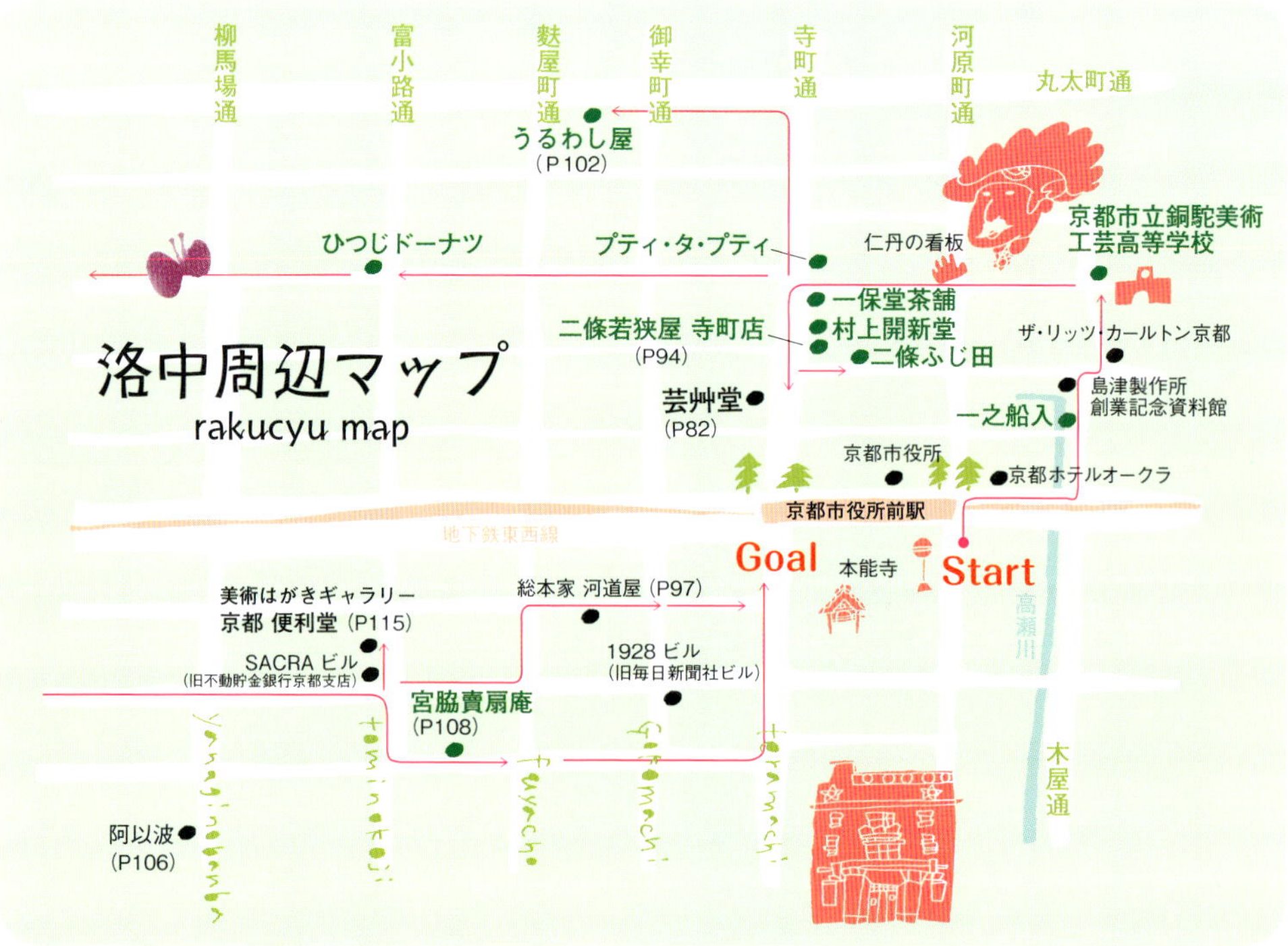

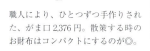

家具

宮崎

安政３年（1856）創業、京指物のすぐれた技術で創る桐タンスからオリジナル家具など幅広く取り揃える宮内庁御用達の家具店。明治、大正時代には竹内栖鳳、上村松園、堂本印象、神坂雪佳など著名な画家や工芸家に図案を依頼。芸術品というべく家具を製作。現在もその当時の技術と図案を大切に受け継いでいる。

中京区夷川通堺町西入ル
TEL 075-231-6337
営／９：00～18：00
休／水曜

同店の包装紙も神坂雪佳の手になるもの。

立ち寄りスポット Pickup!

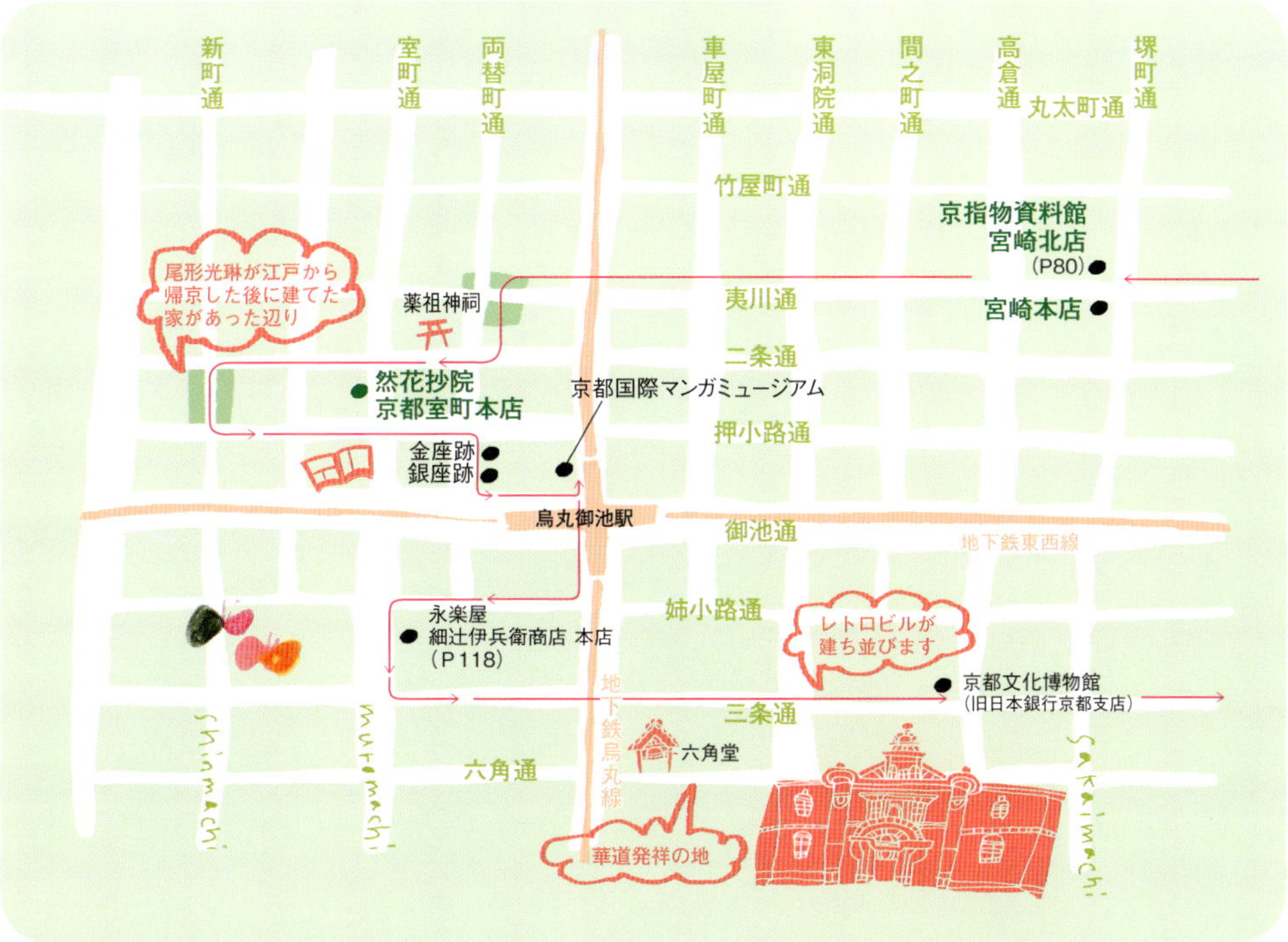

カフェ

然花抄院 京都室町本店

虫籠窓が印象的な築 300 年の町家を活かした「然」かすてらで有名な菓子店。カフェやギャラリーも併設されており、中庭を眺めながら「然」かすてらやぶぶ漬けなどがいただける。

中京区室町通二条下ル蛸薬師町 271-1
TEL 075-241-3300
営／10：00～19：00、喫茶は～18：30 L.O.
休／第 2・4 月曜

然ノ膳 1,000 円～。コーヒーや抹茶など好きなお茶と、8 種類の定番菓子・季節の菓子から 1 つ選んでセットに。丹波の黒豆を食べて京都で育った鶏の卵をたっぷり使い濃厚に焼き上げた「然」かすてらは、どの飲み物との相性もいい。

金座跡・銀座跡

京都国際マンガミュージアムの裏手、両替町通に碑が建つ。

京都国際マンガミュージアム

世界から注目されているマンガの収集・保管・展示およびマンガ文化に関する調査研究などを行うミュージアム。約 30 万点のマンガ資料を所蔵し、そのうち 1970 年代から現在までに発行されたマンガ約 5 万冊を自由に読むことができる。
建物は昭和初期建造の元龍池小学校の校舎を活かしたレトロな建物。好きなマンガを持って校庭の芝生に寝転がって読むこともできる。

中京区烏丸通御池上ル（元龍池小学校）
TEL 075-254-7414
営／10：00～18：00（17：30 入館）
休／水曜（休祝日の場合は翌日）、不定休あり
料／800 円

金座と銀座跡。尾形光琳のパトロンで、深い親交があった中村内蔵助は京都銀座方の役人でした。
　ここから中京郵便局や京都文化博物館などのレトロビルを見なが

三条通のレトロビル。

持ち扇　万寿菊（夏扇）54,000 円
手描きで万寿菊を描き、親骨に螺鈿、蒔絵を施した見事な品。

立ち寄りスポット Pickup!

ら三条通を東へ。富小路通を下がった六角通に面して建つのが、京扇子の老舗店・宮脇賣扇庵。様様な扇を扱う同店の二階に上がると、扇面を散らした見事な格天井があることに驚かされます。これは明治三五年（一九〇二）、三代目主人・新兵衛の時に竹内栖鳳や神坂雪佳など京都画壇の四八人の巨匠が描いた扇面画を散らして作られました。

琳派の香りを感じながら、街を歩くのもまた楽しいものです。

扇子

宮脇賣扇庵

文政６年（1823）創業の扇店。夏扇から趣味の扇、茶事や冠婚葬祭用、飾り用など様々な品が揃う。現在の屋号は文人墨客とも深い交流があった３代目新兵衛が日本画家・富岡鉄斎により、賣扇桜という京の銘木にちなんで名付けられた。

中京区六角通富小路東入ル大黒町 80-3
TEL 075 - 221 - 0181
営／９：00 ～ 18：00　無休
（夏季９：00 ～ 19：00）

京都 琳派をめぐる旅③

洛東エリア

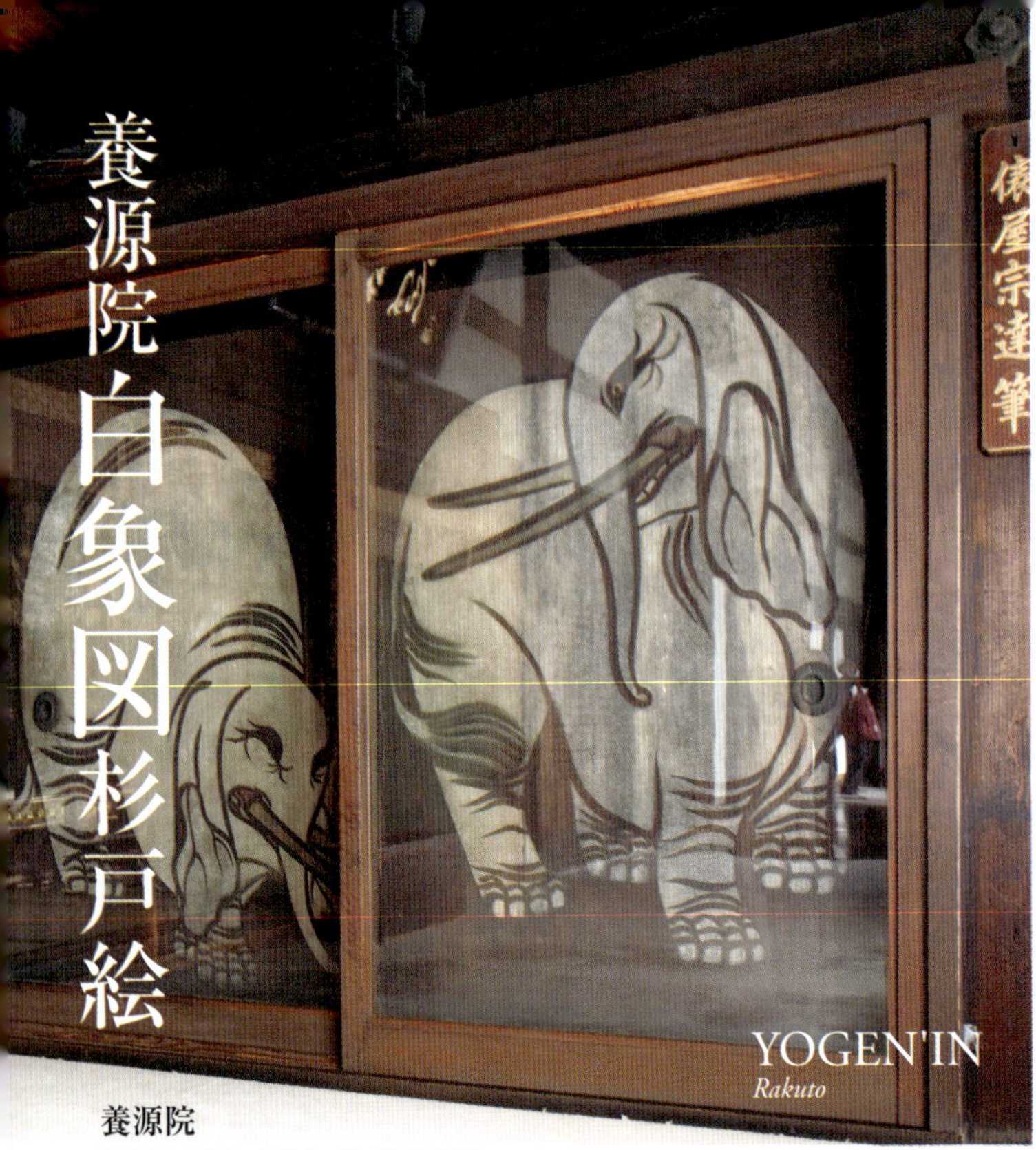

養源院 白象図杉戸絵

YOGEN'IN
Rakuto

モダンで杉戸いっぱいに描かれた白象は今にも飛び出してきそう。間近で拝見することができる。

養源院

豊臣秀吉の側室・淀殿が、父・浅井長政の追善供養のため創建。落雷で焼失した後、徳川秀忠夫人・お江の方（淀殿の妹）が伏見城の遺構を移築して再興。伏見城で自刃した徳川家の家臣らの血天井があることでも有名だ。本堂には俵屋宗達が描いた襖絵・松図十二面や、白象、唐獅子、麒麟を描いた杉戸絵があり、すべて重要文化財に指定されている。

東山区三十三間堂廻り町 656
075-561-3887
拝／9：00～16：00
料／500円

Photo: Morio KANAI

俵屋宗達の代表作といえば「風神雷神図」や「白象図」は外せません。東山の旅は宗達の代表作を愛でることからスタートします。

三十三間堂前に建つ養源院は浅井三姉妹の姉・淀《よど》が創建、妹・江《ごう》が再興した寺院。ここに宗達筆の「白象図」「唐獅子図」「波と麒麟図」杉戸絵、「松図」の襖絵があります。当時、絵師といえば狩野派の勢力が強く、寺院などの襖絵は狩野派の絵師が担っていた時代。なぜ宗達が同寺の襖絵や杉戸絵を描くことになったのかといえば、雁金屋を営んでいた尾形家は浅井長政の家来筋でした。そのことから雁金屋は淀殿や徳川秀忠の娘で後水尾天皇の女御・東福門院らに引き立てられ、京で有数の呉服商になりました。

そこで母・江を通じて本阿弥光悦らを動かし、絵師として評価の高まってきた宗達に作成を依頼

Route

Start 「博物館三十三間堂前」バス停
▼
京都国立博物館
▼
養源院
▼
六兵衛窯★
▼
京都・東山茶寮★
▼
「五条坂」バス停
▼
「祇園」バス停
▼
建仁寺

青蓮院門跡
▼
粟田神社
▼
祇園饅頭★
▼
Cafe Ochi-Kochi★
▼
noma cafe★
▼
細見美術館
▼
ロク★
▼
岡崎神社
▼
Goal 「岡崎道」バス停

★は立ち寄りスポット

河井寛次郎記念館

本堂前の枝垂れ桜の美しさは有名。また参道の新緑や紅葉、夏のサルスベリや秋の彼岸花など四季折々に美しい。

京都国立博物館

日本や東洋の古美術品・考古資料をはじめ琳派作品や絵画作品など多数の文化財を所蔵・展示している博物館（70頁）。

したのだとか。「白象図」や「唐獅子図」「波と麒麟図」の躍動感、斬新な構図は見事。間近で見ることができるので、ゆっくり拝見したいところです。

さて、京都国立博物館を観た後は、大正～昭和に活躍した陶芸家の河井寛次郎記念館の前を通り、五条通へ。陶器店が立ち並ぶ五条通には、陶芸の名家・清水六兵衛家の六兵衛窯があります。特に五・六代目は明治・大正時代の名だた

建仁寺 風神雷神図屏風

建仁寺

開山は栄西（ようさい）禅師。宋で修行をした折、茶種を持ち帰り、喫茶の法を普及したことから「茶祖」としても知られる。また同寺には風神雷神図屏風があることでも有名。現在は京都国立博物館に寄託されているため、通常は高精細デジタル複製を展示。屏風の前で記念写真を撮ることもできる。

東山区大和大路通四条下ル小松町 584
℡ 075-561-6363
拝／10：00～16：30（11月～2月～16：00）
料／一般 500円、中高 300円

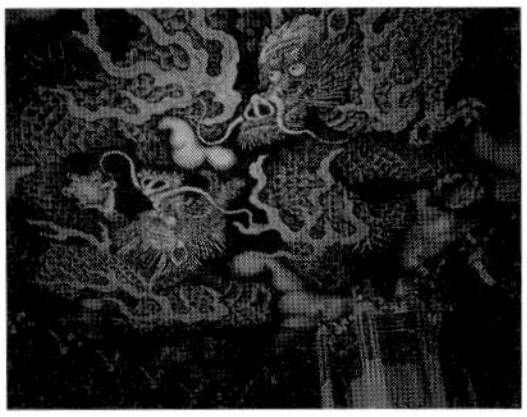

（右）宇宙の根源的形態を示した「○△□乃庭」。
（中）枯山水庭様式の「大雄苑」。縁に座って庭と静かに向き合いたい。
（左）法堂の天井には、創建800年を記念して2年の歳月を費やし小泉淳作画伯により描かれた、108畳もの大きさの双龍が。

る画家と交流をし、神坂雪佳らとも図案の研究をしていたといいます（100頁）。

　こちらでは六兵衛窯の商品を買うことができますので、ぜひ立ち寄りたいところです。五条坂から再び市バスに乗り祇園へ。花街の風情を味わいながら建仁寺へ向かいます。建仁寺といえば「風神雷神図屏風」が有名。現在は複製を展示していますが、高い技術を駆使した複製屏風は素晴らしく、一緒に写真が撮れるのも嬉しいところ。

　八坂神社へおまいりをした後は、枝垂れ桜が有名な円山公園を抜け、知恩院の三門を見ながら青蓮院門跡へ。同寺は素晴らしい襖絵の数々を所蔵しており、叢華殿には神坂雪佳筆「秋草図」襖絵八〇枚（非公開）も納められています。

　さて、憩いの場として整備された「あおくすの庭」を観ながら右

抹茶入りの生ホワイトチョコでコーティングした濃厚な抹茶の生チョコロールケーキ1本1,520円はテイクアウトしかないが、他のロールケーキはイートイン可。

抹茶スイーツ

京都・東山茶寮

足利将軍が指定した宇治七茗園のうち、生産者として唯一現存する「奥の山」の茶葉のみを使用した抹茶スイーツが自慢。店頭販売の他、パフェや抹茶ぜんざいなど抹茶づくしのスイーツがカフェでいただける。スイーツを堪能した後、お土産として買って帰るのも。

東山区五条橋東4-448
TEL 075-532-0873
営／11：00～17：00
休／水

仔犬豆皿（薄茶・黒・白）2,916円　中村芳中の「光琳画譜」に描かれた仔犬の意匠がモチーフの皿。まあるい仔犬がキュート。
狗児フリーカップ6,480円　神坂雪佳の「百々世草」に出てくる狗児図がモチーフ。カタツムリとにらめっこする仔犬が可愛い。

陶器

六兵衛窯

江戸後期に清水に窯を開いた六兵衛窯の作品が並ぶ。各代が残した意匠や技法を生かした器などをはじめ、当代８代目による新商品も販売。中でも５代目が神坂雪佳らと共に新しい表現を目指した工芸の研究団体「佳美会（かびかい）（後、佳都美会（かつみかい）」で一緒に新しいデザインを研究したことから、当時、雪佳がデザインした皿も復元販売されている（100頁）。

東山区五条橋東5-467
TEL 075-561-3131
営／10：00～17：00
休／土・日曜、祝日

立ち寄りスポット Pickup!

京都・五条坂 陶器まつり

陶器店が建ち並ぶ五条通（川端通～東大路通）では、毎年、8月7～10日の9時～夜10時頃まで、陶器市が開催される。老舗店から陶芸家を目指す若い人々の店など、約400店が出店。掘り出し物を求める人で賑わう。

洛東周辺マップ
rakuto map
聖護院八ッ橋本店（P96）
ロク
丸太町通
神宮丸太町駅
Goal
岡崎神社
「岡崎道」バス停
平安神宮
細見美術館
（P64）
「岡崎公園
美術館・平安神宮前」
バス停
二条通
「東山二条・岡崎公園口」
バス停
京都国立近代美術館
京都市美術館
noma cafe
Cafe Ochi-Kochi
唐船屋
疏水沿いの道は
散策にぴったり
川端通
祇園饅頭
三条京阪駅
地下鉄東西線
東山駅
三条通
古川町商店街
花見小路通
東大路通
粟田神社
階段
三条駅
古門前通
柳が揺れる
風情ある小路。
こちらの道を通るの
もおすすめ
行者橋
青蓮院門跡
京阪本線
千日回峰行を終えた行者が渡る
知恩院
新門前通
辰巳大明神
風情ある通り
古美術店がたち並ぶ通り
吉井勇の歌碑
Pagong 祇園店
（P117）
「祇園」
バス停
円山公園
何必館・
京都現代美術館
かづら清老舗
（P109）
八坂神社
四条通
祇園四条駅
祇園の町並み
hanami koji
higashi oooji
祇園甲部歌舞練場
建仁寺
清水五条駅へ

粟田神社能舞台

AWATAJINJA
Rakuto

粟田神社

京都の東の出入口である粟田口に鎮座し、旅の安全祈願や道中の無事を感謝してお参りされてきたことから、旅立ち守護・旅行安全の神としても知られる。神坂雪佳が同社の氏子地区である三条東姉小路に生まれたことから大正８年（1919）、神楽殿が移築された折に雪佳が鏡板を奉納。また、毎年10月に行われる祭礼の菊鉾と橘鉾の見送りの図案も行っている。

東山区粟田口鍛冶町１
℡ 075-551-3154
境内自由

雨風にさらされてきたため剥落があるが、雪佳らしい雰囲気が見てとれる。

かわいい
鳩みくじは100円

立ち寄りスポット
Pickup!

細見美術館

琳派作品を見るには外せない美術館（64頁）。最上階にある茶室・古香庵は数寄屋建築の名匠、故中村外二棟梁の遺作といわれる。岡崎の風景や東山を眺めながら、お抹茶と季節のお菓子を楽しむのもおすすめ。季節の生菓子とお抹茶 1,080円。

もちっとして歯切れの良い食感が自慢の名物「志んこ」はニッキ、プレーン、抹茶の３種類160円。

和菓子

祇園饅頭

南座のお隣にある祇園饅頭の工場。こちらでは作りたてホヤホヤの和菓子を買うことができる。お菓子を買って岡崎公園や疏水べりで食べるのもおすすめ。

東山区三条通白川橋西入ル大井手町103
℡ 075-771-1353
営／10:00～17:30
休／木曜

疏水沿いの小路は散策にぴったり。

立ち寄りスポット Pickup!

カフェ

noma cafe

1800年代のイタリアの家具を配したおしゃれなカフェ。窓の外に広がる疏水沿いの景色を眺めながら、ハンバーグや季節野菜たっぷりのプレートなど料理やお茶を楽しみたい。

左京区岡崎円勝寺町 36-1
TEL 075-752-3157
営／11：00～19：00
休／月曜

ぷりっぷりエビが入った、エビと茄で卵のパニーニサンドセット1,300円。本日のスープと大人気のフライドポテトが付く。プラス300円でビールやグラスワインがいただける。

雑貨

ロク

店主が実際の生活の中で使いやすかったもの、愛着の持てるものを並べた生活用品と器の店。小鹿田焼や横浜の鉄中華鍋や新潟のステンレスキッチン用品、アフリカ製の籠など国内外やメーカーの大小にとらわれず紹介。商品に添えられた店主のコメントもすてき。

左京区聖護院山王町 18 メタボ岡崎 101
TEL 075-756-4436
営／11：00～19：00
休／水曜（祝日を除く）

疏水沿いに建ち、静かで落ち着いた雰囲気。
ドリンクと自家製プティフールがセットになった メリーメロ 1,600円。

カフェ

Cafe Ochi-Kochi

「季節を食べる」がコンセプト。さくらんぼや桃、メロンなど旬の果物をたっぷり使った上品なスイーツが人気。バリで作られた家具や自然の石や木などを多用した店内は、外の自然が続いているかのようで、落ち着ける空間。

左京区岡崎円勝寺町 62 ROKUSISUI KYOTO OKAZAKI内
TEL 075-752-6609
営／11：00～17：00 L.O.
休／火曜

岡崎神社 能舞台

OKAZAKIJINJA
Rakuto

神楽殿の鏡板は神坂雪佳の手になるものと言われており、よく見ると雪佳らしい雰囲気が出ている。

兎のおみくじと絵馬。

岡崎神社

桓武天皇が平安京遷都の折、都の鎮護のため四方に建立した社の1つで、都の東にあたることから東天王と称される。子授け、安産、厄除にご利益があり、兎が氏神様のお使いと伝えられることから、子授けの兎の彫像や縁結びの狛兎などがある。

左京区岡崎東天王町 51
TEL 075-771-1963
境内自由

に曲がると粟田神社が見えてきます。同社の氏子であった神坂雪佳は、神楽殿が移築された際、この鏡板を描きました。通常の能舞台や神楽殿の鏡板に描かれた老松とは一風異なる、雪佳らしい柔らかい老松図が非常に印象的です。

美術館が建ち並び、疏水の流れや緑が美しい岡崎地区へ。カフェでひと休みをしたら、最後の目的地・岡崎神社へ。同社の神様のお使いが兎であることから、境内には狛兎が鎮座しています。こちらの神楽殿の鏡板も一説によると雪佳の手になるものだとか。そういえば、どことなく雪佳らしい気がします。美術館に収められた作品だけではなく、身近に鑑賞できるのも洛東の旅の魅力でしょう。

京都 琳派をめぐる旅④ 西陣エリア

樂美術館

樂家の隣に建てられた、樂歴代作品を中心に茶道工芸美術品、関係古文書など樂家に伝わる作品を中心に展示する美術館。年に数回、収蔵作品を実際に手にとって鑑賞できる「手にふれる樂茶碗鑑賞会」や同館茶室で催される「特別鑑賞茶会」などは、ガラスケース越しでは分からない質感やぬくもり、量感が味わえると人気（要問合せ）。（78頁）。

上京区油小路通一条下ル
TEL 075-414-0304
開／10：00～16：30（入館は16：00）
休／月曜（祝日の場合は開館）、展示替え期間
料／展示による

本阿弥光悦京屋敷跡

光悦が鷹峯の地を拝領する58歳までに住んでいたとされる地。南の路地は本阿弥図子と呼ばれた。樂家へは歩いてすぐ。

樂家

450年間、初代長次郎より代々樂焼の本流を伝え、手づくねの茶碗づくりを生業としている。

樂家の母屋入口の「樂焼御ちゃわん屋」と記された暖簾は光悦筆の写し。

堀川今出川でバスを降りて通りを一本東へ。油小路通に建つ石碑が「本阿弥光悦京屋敷跡」です。光悦が鷹峯の地を拝領する前、五八歳頃まで住んだのがこの辺り。また光悦の姉の嫁ぎ先であり尾形光琳・乾山兄弟の実家、雁金屋も近くにあったと言われています。

また、そのまま南下すると樂焼の樂家へも歩いてすぐ。光悦は二代目常慶、三代目道入親子のアドバイスを受けながら茶碗を作りました。隣に建つ樂美術館では、そんな樂家代々の作品や光悦が作った茶碗などを所蔵。年数回、企画展が催され、素晴らしい樂焼の品々が鑑賞できます（78頁）。

光悦や光琳、樂家の人々が行きかった当時の雰囲気を味わい、素晴らしい作品を観た後は、数々の伝説で彩られた一条戻橋を渡り、しばし西陣エリアを散策。そういえば、どこからともなく織機の音

Route

Start 「堀川今出川」バス停

▼

本阿弥光悦京屋敷跡

▼

樂美術館

▼

Cafe Rhinebeck★

▼

UCHU wagashi★

▼

のばら珈琲★

▼

☆雨宝院

▼

たんきり飴本舗★

▼

妙蓮寺

▼

田丸弥堀川店★

▼

不審菴・今日庵★

▼

本法寺

▼

妙顕寺

▼

泉妙院

▼

Goal 「堀川寺ノ内」バス停

雨宝院

春になると雨宝院の本堂前には少し遅咲きの歓喜桜や御衣黄（ぎょいこう）桜と呼ばれる緑の桜が咲き、見事。

バナナキャラメルパンケーキ
880円とコーヒー420円

パンケーキ

Café Rhinebeck

人気ケーキ店「松之助」が営むNYスタイルのパンケーキ店。注文が通ってから1枚ずつ丁寧に焼かれたパンケーキは、独特のふわふわ感と松之助ならではの生地の旨みが魅力。季節毎のフルーツを使ったメニューの他、リコッタチーズ入りなどはランチにもおすすめ。

上京区大宮通中立売上ル
TEL075-451-1208
営／8：00～10：00（モーニング）
10：00～17：30L.O.
休／火曜（祝日の場合は営業）

カフェ

のばら珈琲

路地の奥に立つ可愛い喫茶室。大正・昭和初期のアンティーク家具やさりげなく飾られた資生堂の古い小瓶や小物など懐かしく、落ち着ける空間。淹れたての珈琲と手作りのお菓子で、ほっこりしたい。

上京区蛭子町655
TEL 075-406-0274
営／10：00～18：30
休／月・火曜

立ち寄りスポット Pickup!

珈琲300円とレーズンサンド
200円

が聞こえてきます。江戸時代、今出川通と大宮通の交差点辺りは西陣織で日に千両の商いがあったといわれ、「千両ケ辻」と呼ばれていました。

その大宮通に建つCafé Rhinebeckは西陣織を営んでいた築二〇〇年の京町家を利用したカフェ。入口には繊維関係を営む家に作られる糸屋格子を見ることができます。

雨宝院やカフェを訪れ、西陣の町並みを楽しみながら妙蓮寺へ。写真でしか見られませんが光悦が

（上）秋から春にかけて御会式桜が、冬から春にかけては銘木・妙蓮寺椿、5月はツツジ、8～10月は芙蓉や酔芙蓉と一年中花が咲く。
（右）十六羅漢石庭。

妙蓮寺十六羅漢石庭

妙蓮寺

日蓮の孫弟子日像聖人が開基。観賞式石庭「十六羅漢の石庭」は桂離宮を作庭した同寺の僧・玉淵坊日首の作で、白河砂に十六の石を配し北山杉を植え込んでいる。中央寄りの大きな青石は臥牛石と言い、豊臣秀吉により伏見城から移された名石。本阿弥光悦筆写の立正安国論（重文・非公開）や長谷川等伯一派の筆になる障壁画（収蔵庫・要予約）など多くの文化財を所蔵する。

上京区寺之内通大宮東入
TEL 075-451-3527
拝／10：00～16：00
休／水曜
料／方丈・庭 500円
（収蔵庫の拝観は要予約。別途300円）

立ち寄りスポット Pickup!

飴

たんきり飴本舗

明治初期より西陣で愛されている「たんきり飴」の店。香料等は一切使わずショウガのみを入れた飴は喉の痛みやセキに効く優しい味。おつかいものにも重宝されている。

上京区大宮通寺之内角
TEL 075-441-4429
営／10：30～19：00
（日曜は10：30～18：00）
不定休

筆写した「立正安国論」を所蔵する本門法華宗の寺院。「十六羅漢の石庭」や四季を通じて咲く花が見事です。

堀川通を渡り不審菴・今日庵が建つ風情ある小川通を少し北へ行くと現れる立派な門構えが本法寺。本阿弥家の菩提寺であり、光悦作庭の「巴の庭」や光悦筆の「法華題目抄一巻」、「華唐草文螺鈿経箱」（非公開）などの光悦ゆかりの宝物を多数、所蔵しています。

元の寺之内通を少し行き妙顕寺へ。当寺も光琳に縁があることから「光琳曲水の庭」などがあり梅が咲く頃には、まさに光琳の絵を観ているかのよう。その塔頭の泉妙院には光琳・乾山をはじめ尾形家の墓があります。

往時に思いを馳せ、西陣の風情も楽しみながら歩いてみましょう。

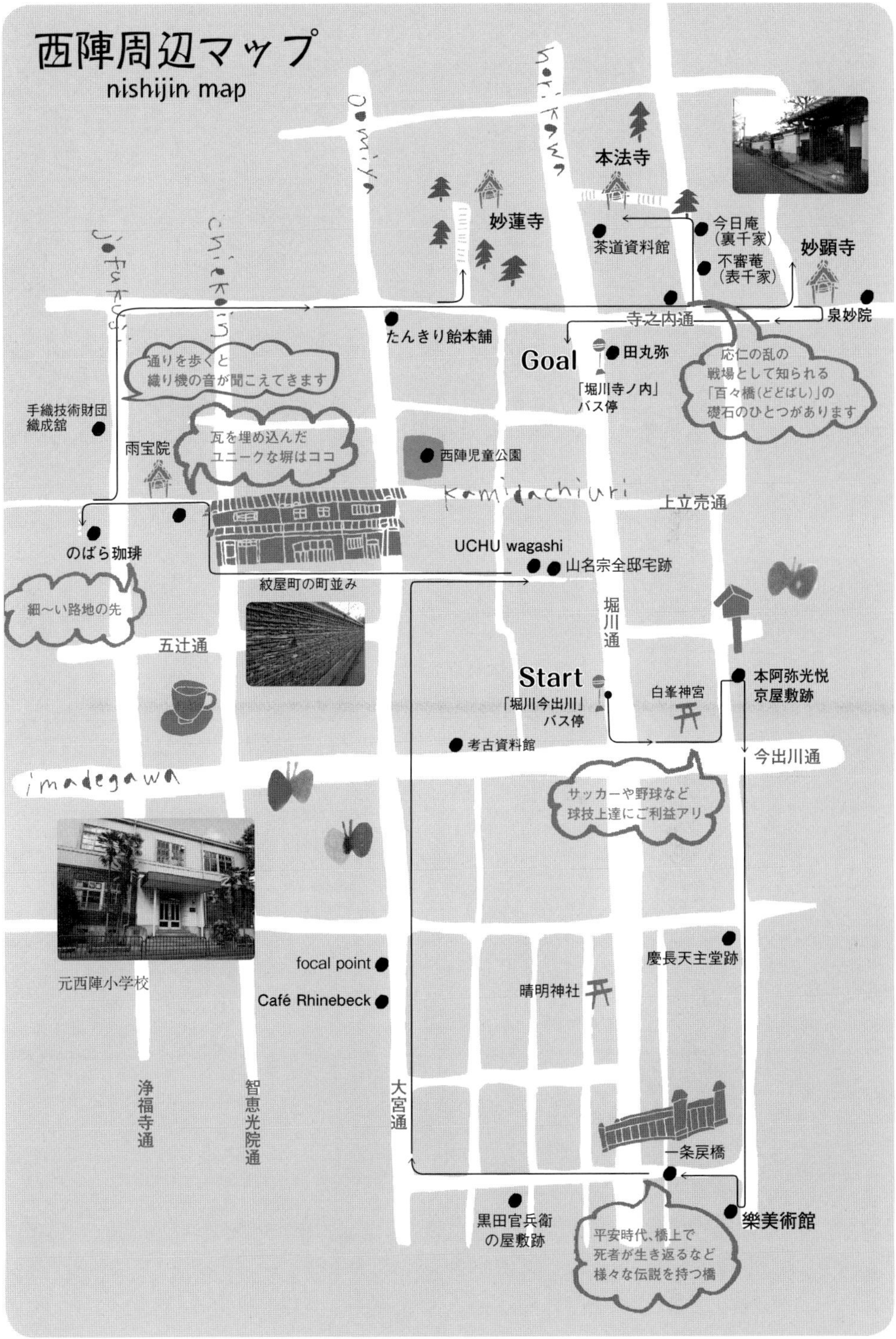
西陣周辺マップ
nishijin map
oomiya
horikawa
chiekoin
jofukuji
kamidachiuri
imadegawa
本法寺
妙蓮寺
茶道資料館
今日庵
(裏千家)
不審菴
(表千家)
妙顕寺
泉妙院
寺之内通
たんきり飴本舗
Goal
田丸弥
「堀川寺ノ内」
バス停
応仁の乱の
戦場として知られる
「百々橋(どどばし)」の
礎石のひとつがあります
通りを歩くと
織り機の音が聞こえてきます
手織技術財団
織成館
雨宝院
瓦を埋め込んだ
ユニークな塀はココ
西陣児童公園
上立売通
のばら珈琲
UCHU wagashi
山名宗全邸宅跡
紋屋町の町並み
細〜い路地の先
五辻通
堀川通
Start
「堀川今出川」
バス停
白峯神宮
本阿弥光悦
京屋敷跡
考古資料館
今出川通
サッカーや野球など
球技上達にご利益アリ
元西陣小学校
focal point
Café Rhinebeck
慶長天主堂跡
晴明神社
浄福寺通
智恵光院通
大宮通
一条戻橋
樂美術館
黒田官兵衛
の屋敷跡
平安時代、橋上で
死者が生き返るなど
様々な伝説を持つ橋

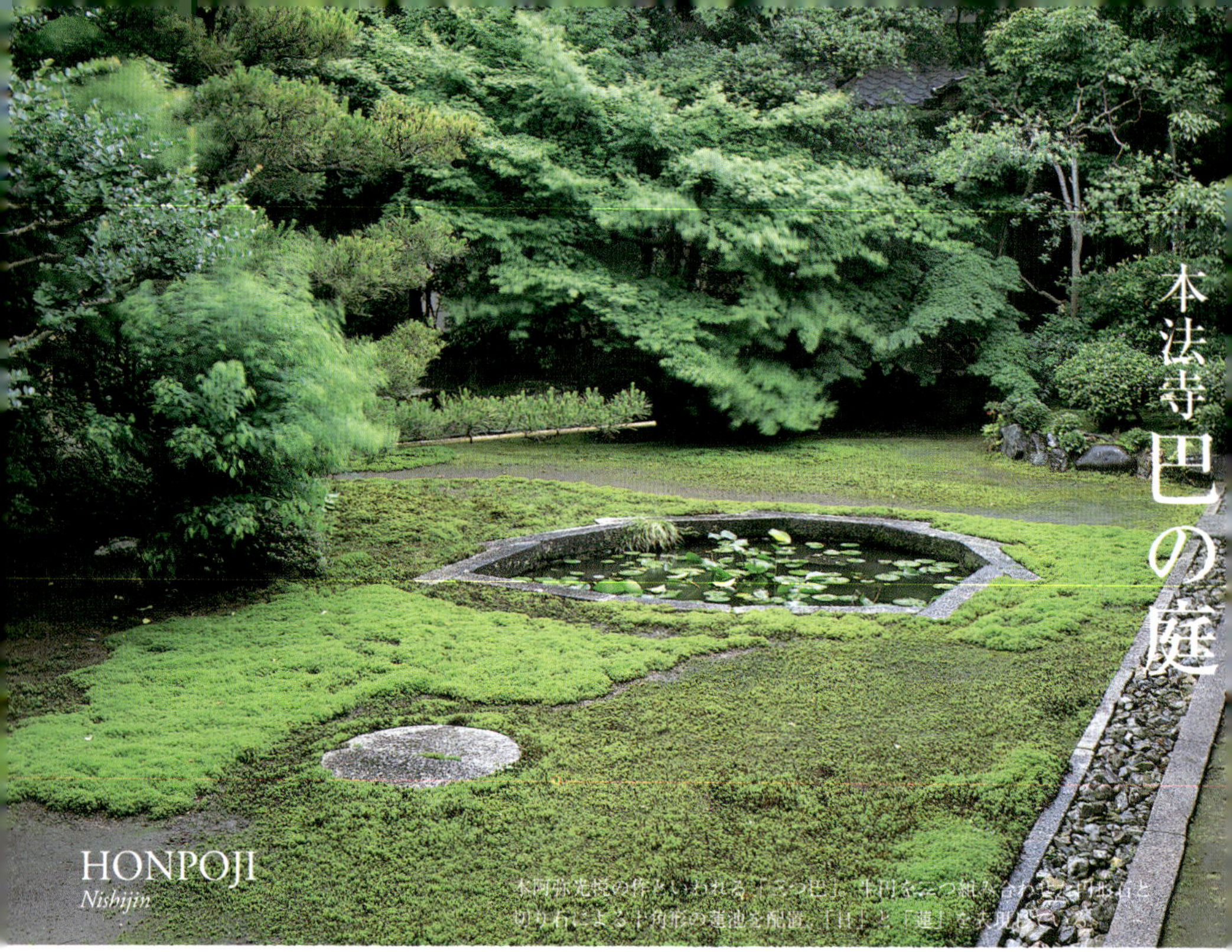

本法寺巴の庭

HONPOJI
Nishijin

本阿弥光悦の作といわれる「三つ巴」。半円を二つ組み合わせた円形石と切り石による十角形の蓮池を配置。「日」と「蓮」を表現している。

本法寺

久遠成院日親上人が開創。上人は時の将軍・足利義教に「立正治国論」を献じ忌諱に触れ獄舎。一方、将軍に仕えていた光悦の曾祖父・清信も将軍の怒りに触れて投獄され、何度か投獄されていた日親上人と獄中で出会ったことから、教化され帰依したのだとか。現在の地に伽藍を移転した折は、本阿弥光二・光悦親子が私財を投じて尽力したという。光悦の菩提寺。
光悦の寄進状を添えた「紫紙金字法華経」（重文）や光悦作「華唐草文螺鈿経箱」など多数の宝物を所蔵する。

上京区小川通寺之内上ル本法寺前町 617
℡ 075-441-7997
拝／10：00～16：00
料／宝物館・庭園 500 円

古都ではなく、今の京都の景色をデザインした落雁「京都ものがたり」1,080 円。
和三盆糖の上品な甘みと天然果汁の酸味が絶妙にマッチする、フルーツ落雁。 mix フルーツ（フランボワーズ・キウイ・オレンジ）1,300 円。

落雁

UCHU wagashi

和菓子の伝統を踏まえながら、ヒツジやシロクマ形など現代的なエッセンスをプラスした落雁は茶席に映える上品なデザインが特徴。スーッととける口溶けの良さも魅力。

上京区猪熊通上立売下ル藤木町 786
℡ 075-201-4933
営／10：00～18：00
休／月曜

妙顕寺　光琳曲水の庭

光琳の屏風絵をなぞらえた「光琳曲水の庭」。

妙顕寺

鎌倉時代後期、日像上人が創建した、洛中における日蓮宗最初の寺院。「光琳曲水の庭」、客殿前の「龍華飛翔（四海唱導）の庭」、孟宗竹の坪庭と、風情ある三つの庭が残る。寺宝に尾形光琳筆の「寿老松竹梅」図三幅（非公開）などがある。

上京区寺之内通新町西入ル妙顯寺前町 514
TEL 075-414-0808
拝／10：00～16：00
料／志納

茶道の家元表千家・不審菴、裏千家・今日庵が建ち並ぶ小川通。

山名宗全邸宅跡

応仁の乱で西軍の総大将として細川勝元の率いる東軍と戦った山名宗全の邸宅跡。この辺りが西陣と呼ばれるのは、その折、「西軍」の陣があったから。

泉妙院

妙顕寺の塔頭。光悦の姉・法秀が嫁いだ呉服商雁金屋尾形家の菩提所である、興善院の旧跡、尾形家、光琳、乾山の墓がある。法秀と光琳・乾山兄弟とは曽孫の間柄。

上京区寺之内通新町西入ル妙顕寺前町 514

百々橋（どどばし）の礎石。

立ち寄りスポット
Pickup!

白川路 972 円（12 袋詰）～
胡麻の香りが良い。

ミニピラフとにゅうめんのセット 1,026 円。

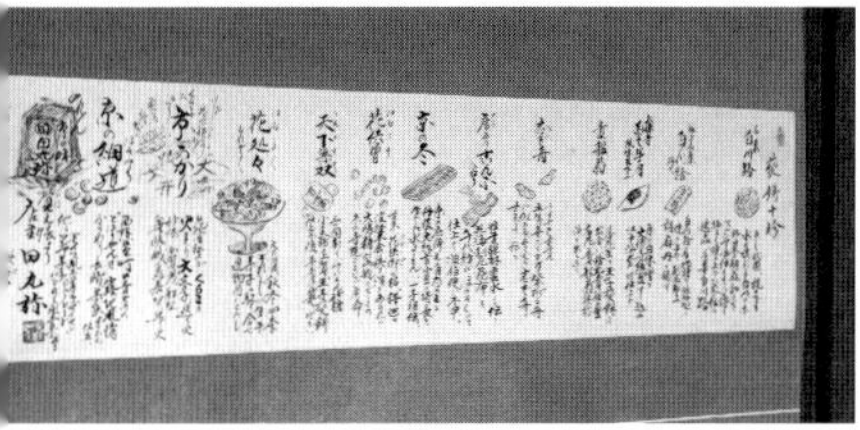

先代が描いたという商品紹介。

和菓子・喫茶

田丸弥

金胡麻・黒胡麻の香りが豊な「白川路」で有名な同店の堀川店。店頭で白川路を買える他、奥の喫茶室では甘味やミニピラフとにゅうめんのセットなどがいただける。

上京区堀川通寺之内下ル東側バス停前
TEL 075-414-1531
営／9：00～17：30（喫茶は 17：00 L.O.）
休／木曜（祝日の場合は営業）

Kawaii
RIMPA

かわいい琳派

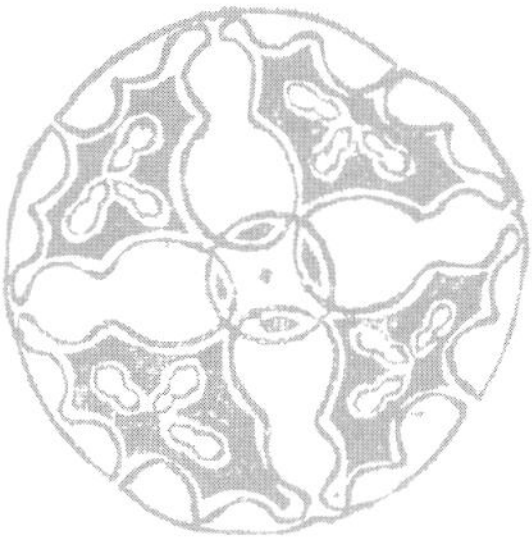

琳派はかわいい

細見美術館
主任学芸員
福井麻純

Kawaii
RIMPA

近年「かわいい」という言葉は海外でも通じるらしく、もはや世界共通語となる勢い。「かわいい」が意味する範囲は相当広いという印象もありますが、かわいいと思う感覚は、人それぞれであり、その対象もさまざま。「心地よい」「ご機嫌になれる」といった作用をもたらすものや事を指す時に使う人もいるでしょう。

日本美術においても「かわいい」という言葉を使うことが多くなってきました。小さな作品、愛らしいモティーフ、緩やかな筆遣いや優しい色味など、日本美術にも「かわいい」要素はたくさんあります。もちろん、琳派の作品もかわいいのです。俵屋宗達や尾形光琳、酒井抱一といった琳派の作家たちは、素敵なモティーフを、美しい色や楽しい形で表現しました。屏風や掛軸に絵を描くだけでなく、デザインするという感覚で、料紙（和歌や書を記すための紙）、扇や団扇、蒔絵の箱や着物にかわいらしいもの、洒落た模様をデザインしています。琳派の作家たちは、日常的なもの、空間を演出するものを多く手掛けました。彼らが作り出したものは、現代の私たちがインテリアやファッションを楽しむような感覚で愛用されたに違いありません。

宗達・光琳の「かわいい」手法

琳派のはじまりとして知られる江戸前期の俵屋宗達は、「たらし込み」と呼ばれる、墨や色の滲《にじ》みや暈《ぼか》しを利用した描法を用いて、ふんわりとした柔らかい質感を出しながら、鳥や犬など愛らしい動物を描きました。一方で、鹿や鶴、草花などを大胆にデフォルメし、料紙装飾など

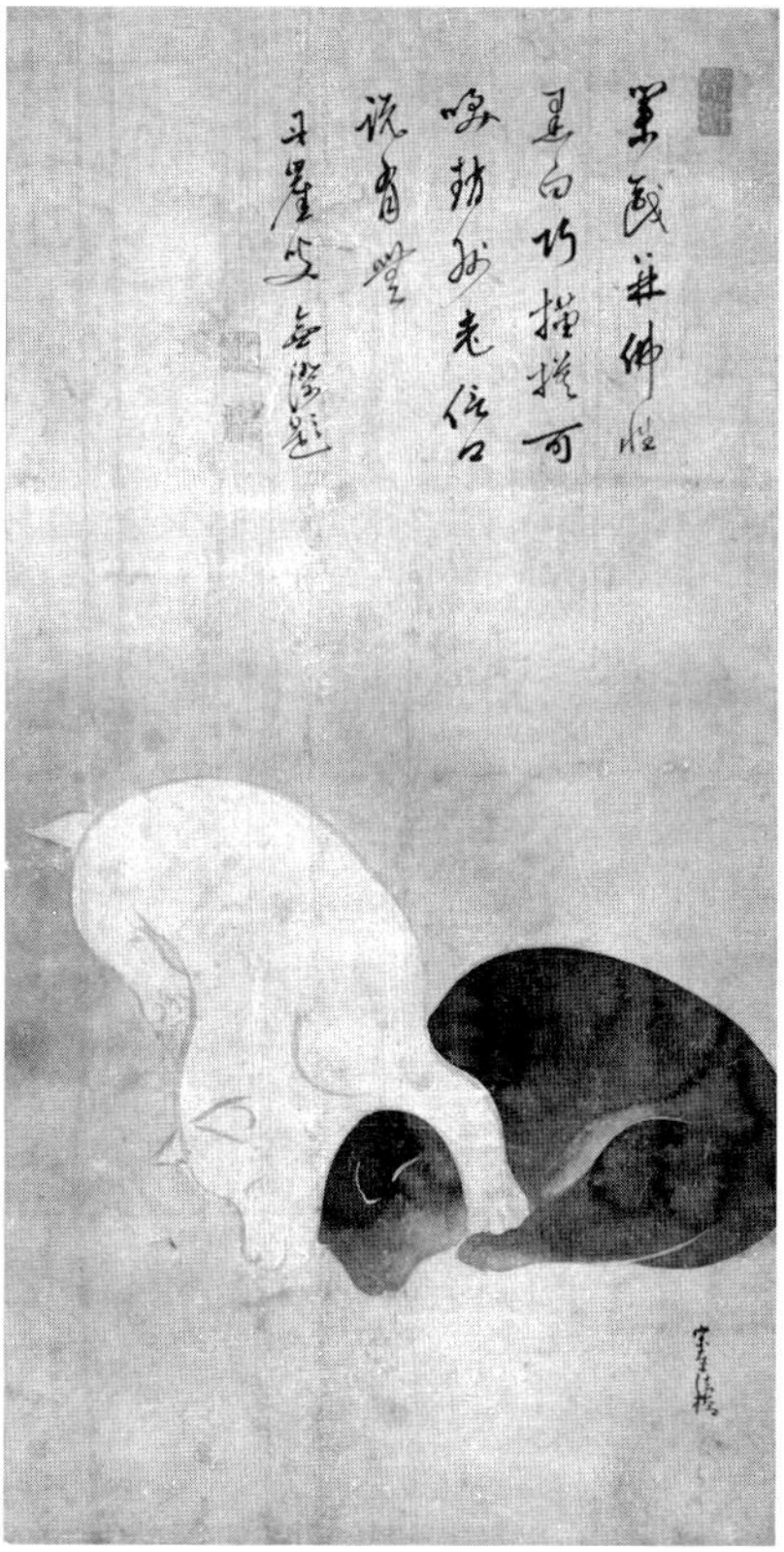

俵屋宗達「双犬図」（細見美術館蔵）

のモティーフに利用しています。単純化された動植物は、平面的な姿となって絶妙に配置されており、当時の感覚でも相当斬新でおしゃれなものだったでしょう。

続く江戸中期、高級呉服商の家に生まれた尾形光琳は、抜群のセンスの持ち主でした。「光琳梅」や「光琳水」など、「光琳模様」と称された意匠を次々生み出しています。これらの意匠は、現代でも染織や漆工、和菓子などさまざまなジャンルで見ることができ、広く、そして長く親しまれるデザインとして浸透しました。また、人物や動物などを簡潔な筆遣いで描いた水墨画も実にかわいらしいのです。くすっと笑ってしまうような、何ともいえない表情は、見る人を和ませてくれます。

芳中・雪佳のほっこり・ゆったり系「かわいい」

琳派の中でかわいいという言葉が最も似合うのが、江戸後期に大坂で活躍した中村芳中。琳派のたらし込みや意匠性に着目、江戸で『光琳画譜』という絵本を刊行しました。仔犬や雀などの動物、おおらかな草花、ユーモ

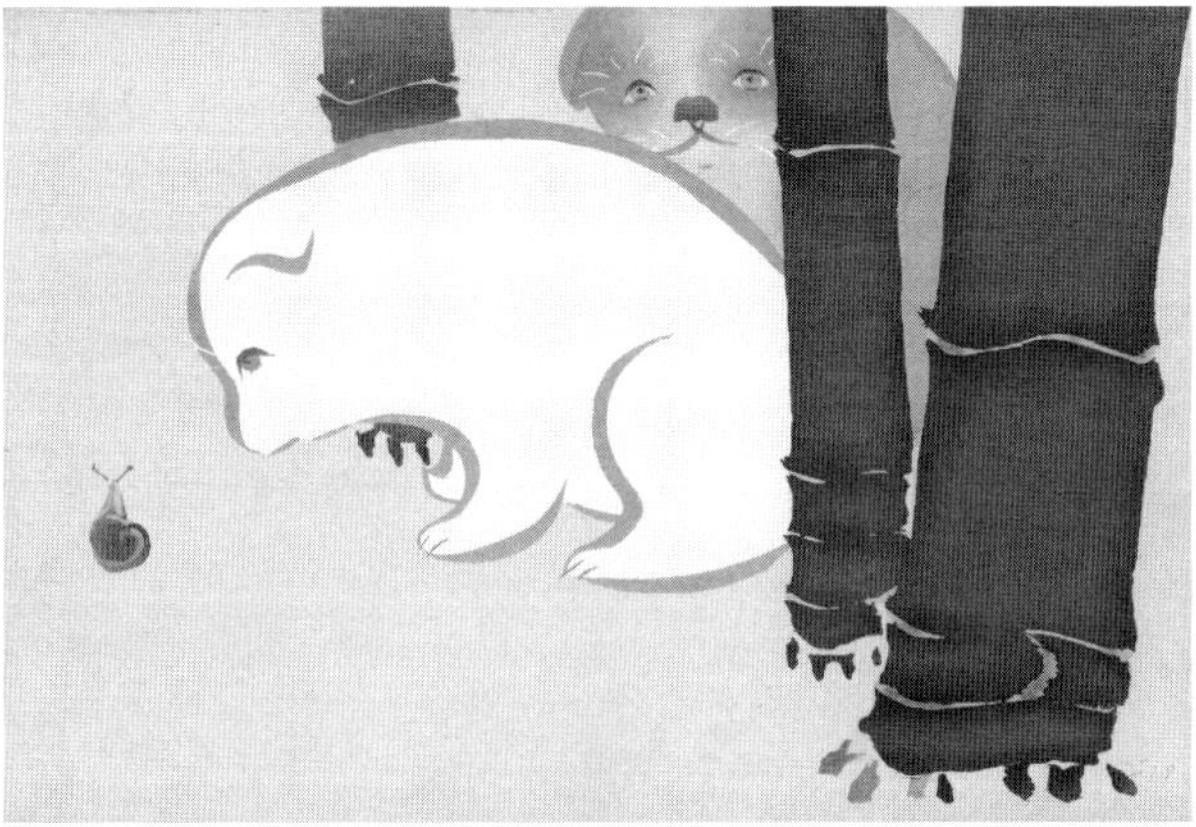

神坂雪佳『百々世草』「狗児」（芸艸堂）

ラスな表情の人物まで、丸味のあるかわいらしい絵が集められています。力みのない独特のゆるい作風は、俳書の挿絵や扇面など、小さな画面に活かされました。やりすぎともいわれるたらし込みが、それぞれの愛らしい表情と相まって、ほっこりと穏やかな気分をもたらしてくれます。

一方、近代の京都で工芸図案家として活躍した神坂雪佳。あのエルメスの機関誌の表紙にも採用された名作『百々世草《ももよぐさ》』は、伝統的な図様や画題を取り入れながら、緩やかな曲線と簡潔な形態、鮮やかな色や大胆な構図が楽しめます。中でもカタツムリを見つめる表情が愛らしい「狗児」は、もはや知らない人はいないほどの人気を集めています。雪佳の手にかかれば、動物や人物のみならず草花までもがゆったりとのどかな表情を持つのです。

抱一・其一の繊細・緻密系「かわいい」

江戸では、江戸後期に光琳に憧れた酒井抱一が麗しい様式を築きました。光琳のもつ華やかで簡潔な造形に魅せられた抱一は、そこに豊かな情感を盛り込んだ花鳥画

中村芳中『光琳画譜』「仔犬」(細見美術館蔵)

などを描き、極上の様式を作り上げました。雪や雨といった微妙な気候や季節の移り変わり、鳥や虫などの生き物に向けられた温かく繊細な眼差しにキュンとくる人も多いようです。

また、抱一の弟子の中で個性的という点で際立つ存在なのが鈴木其一。師の作風をよく継承していましたが、抱一の死後は、対象の細部を捉えた緻密な描写と、装飾性が一体化した先進的画風を築きました。金地に描いた「水辺《みずべ》家鴨《あひる》図屏風」（細見美術館蔵）の家鴨は、よく見れば鋭い歯や水掻きまで表現されています。かわいさの中にも一瞬ドキリとするリアルさが光ります。

琳派が得意とした主題は、草花のほか、人物や動物など。現代でも楽しくかわいらしいキャラクターやデザインなどによく利用されるモティーフを扱っているのです。また、和歌や物語を題材としたものも多く、どこかレトロな印象をもたらし、親しみやすさに結びつきます。こうしたテーマの選び方も巧みなのが琳派。人々の好みをよく知っているのです。そして、画家それぞれが独自の「見せ方」によって、新しくて素敵なものをつくり出して

います。

　琳派とは、時代や身分を超えたところで継承され、絵画や工芸といったジャンルを超えて共感されたもの。

　ユーモラスでウィットに富み、一目でわかりやすくて楽しく、わくわくさせてくれて、気分も上がります。日常に彩りを添えてくれる琳派は、見ても使っても嬉しいもの、という調度における原点を示しています。それこそが、まさに「愛され画派」琳派の「かわいい」なのです。

酒井抱一「桜に小禽図」（細見美術館蔵）

鈴木其一「水辺家鴨図屛風」（細見美術館蔵）

鹿楓図団扇（細見美術館蔵）

酒井抱一

Sakai Hoitsu

酒井抱一（一七六一～一八二八）は、姫路城主酒井雅楽頭家《うたのかみけ》の次男として江戸に生まれました。次男という立場で、気ままな青春期を過ごしますが、慕っていた兄の没後三七歳で出家、武家の身分を離れて自由な立場で絵師として生きることを選びます。

浮世絵や狩野派、円山四条派などさまざまな画法に触れていましたが、次第に光琳に関心を寄せ、自らの作品に反映させるだけでなく、ついには光琳百回忌を催行し、『光琳百図』を刊行するなど、熱心に光琳顕彰を行っています。

光琳の装飾的な要素を取り入れながら、江戸らしい洒脱さ、豊かな情感を盛り込んだスタイルが抱一様式。繊細な筆遣い、たらし込

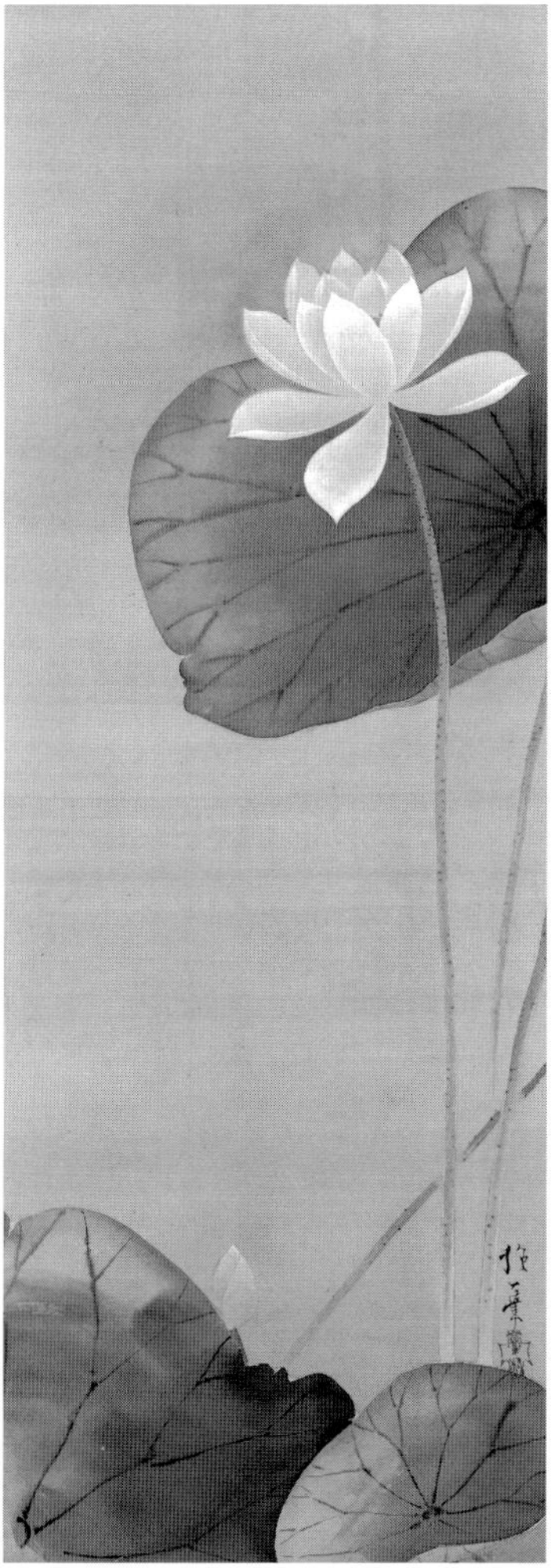

白蓮図（細見美術館蔵）

み、外隈《そとぐま》や付《つけ》立《た》てなど隅々まで行き届いた丁寧な描写も見どころです。良質な絵具を用いているので、色彩は美しくてクリア。余白も活かして破綻のない画面を作り出しています。また、花や鳥虫などを的確に捉える視線は、宗達や光琳とは異なる抱一ならではのもの。季節や動植物といった対象に対し、抱一は最も美しく風情ある画面となるよう取り合わせを選んで描いており、その洗練された美意識が伝わってきます。一方で、軽味のあるさっぱりとした筆遣いで描いた作品からは、俳人としても著名であった抱一の一面を読み取ることができます。

鈴木其一

Suzuki Kiitsu

歳首の図（細見美術館蔵）

鈴木其一（一七九六〜一八五八）は、抱一の実質的な後継者。一八歳より内弟子となりますが、同門の鈴木蠣潭《れいたん》の没後、その姉りよと結婚して鈴木家を継ぎ、酒井家の家臣となっています。

はじめは師の抱一の画風をよく継承した作風で描き、抱一の代筆まで務めたといいます。ところが師の没後、徐々に個性を開花させます。装飾的な要素を取り入れながら、動植物の細かい部分を緻密に描いたり、ものの一瞬の姿を捉えたり、其一の筆は対象をよりリアルに捉えています。独特の鋭い感性と確かな描写力による其一の花や鳥は、大胆かつ緻密、明快で潔い印象をもたらします。

また、其一は機智に富む「描表《かきびょう》

朴に尾長鳥図（細見美術館蔵）

装《そう》」（本来裂を使って表装する部分にも絵を描く手法）も得意としました。本紙を囲む部分も描くことで装飾的な効果をもたらすほか、本紙と表装部分に前後関係を作り出すことで絵画空間を立体化させ、見る人の驚きを誘う作品も描いています。描く対象を画面内にどう配置するか、どう見せると美しいか、何が面白いかといった視点を持ち、挑戦し続けたのが其一です。

見る人を飽きさせない先進的な作風は、近代に通じるような新しさを感じさせます。琳派の要素をシャープに取り入れた其一スタイルは、次世代の画家たちに大きな刺激を与えました。

十二カ月草花図より「六月 紫陽花図」（細見美術館蔵）

神坂雪佳

Kamisaka Sekka

神坂雪佳（一八六六〜一九四二）は、はじめ円山四条派の鈴木瑞彦《ずいげん》に師事しますが、のち図案家の岸光景に学び、図案家として活躍します。琳派のデザイン性に共感し、これを手本として新しい意匠を次々と創造し、『百々世草』など多くの図案集を発表したほか、積極的に工芸家たちと図案や工芸の研究団体を率いて、京都の工芸界に新たな風を吹き込みました。

西欧化が推し進められた時代、雪佳は渡欧を通じてアール・ヌーヴォーなどにも接しましたが、やはり琳派に敵うものはない、琳派こそ日本独自の装飾芸術だと考えます。染織、陶磁、漆工、室内装飾から庭のデザインまで幅広く手掛け、憧れの存在だった本阿弥光

金魚玉図（細見美術館蔵）

悦のように身の回りの空間を飾った雪佳。好きな物に囲まれる素敵な生活を生み出すことこそ、雪佳が考える絵画や工芸品の役割だったのです。

吉祥モティーフ、季節の草花や古典文学など、伝統的な図様や主題を盛り込みながらも新しいのが雪佳のデザイン。温もりのある優しい雰囲気を作り出す緩やかな描線、見る人が思わず笑ってしまうようなユーモアのセンス、鮮やかな色遣いや、ものの形の大胆な捉え方。芸術として身構えることなく、身近にほしくなるデザイン、愛らしくほっとできる雪佳の作風は、他の図案家にはない唯一の個性として結実しています。

琳派とアール・ヌーヴォー

琳派とアール・ヌーヴォーというと、まったくつながりのないことのように思ってしまいますが、明治時代、欧州で行われた博覧会にたくさんの日本の工芸品が紹介されジャポニズムブームが興ったのは承知の通りです。

そして、欧州に渡ったものの中には工芸品とともに着物の「型紙」もたくさんありました。当然その中には琳派を継承する図案も含まれていたはずです。

「琳派」という言葉は、尾形光琳の「琳」から名付けられた日本美術のスタイルで、明治時代に付けられた名称です。「琳派」という言葉が生まれる以前から、市井の職人たちの根底に流れる「美の源流」は脈々とあまりにも自然に受け継がれていたのです。

浅井忠や神坂雪佳らが欧州に渡り図案を強く意識したというのはまさに「井の中の蛙」だったのではないでしょうか。

欧州でのジャポニズムブームは約40年に亘って続きます。そして欧風にアレンジされたデザインは美術書などと共に日本に逆輸入されます。いわゆる「大正モダン」といわれるアール・ヌーヴォーのデザインです。

写真の化粧品の瓶の「蝶」や「花」のデザインは琳派の雰囲気も持っていないでしょうか？

琳派は図案化する、パターン化するという、今のグラフィックデザインの先駆けともいえる手法を数々生み出しました。そして日本人の心の中に無意識に生き続けているのです。

京都の美術館へ　琳派を観に行こう！

細見美術館

近代美術館や私立美術館が建ち並ぶ岡崎の一角に建つ細見美術館。大阪の実業家、故・細見良氏をはじめ、細見家三代の蒐集を基に平成一〇年に開館した美術館です。

和の雰囲気をも感じさせるモダンな建物は、地上三階、地下二階建て。最上階には、数寄屋建築の名匠・中村外二氏の遺作となった茶室「古香庵」があり、岡崎公園の緑や遠く東山の山並みを眺めながら、お茶を楽しむことができます。また地下には「カフェ・キューブ」やミュージアムショップ「アートキューブショップ」があり、展覧会を楽しむだけでなく、お茶をしに立ち寄ったり、誰かへのプレゼントを買うのにも重宝されています。

コレクションは、平安・鎌倉時代の仏教・神道美術から茶の湯釜や茶陶などの工芸品、伊藤若冲や琳派などの絵画作品と幅広く、様々な収蔵

間近に琳派作品が観られます！
〈特別展情報〉

琳派四百年 古今展
～細見コレクションと京の現代美術作家～
平成 27 年 5 月 23 日（土）～ 7 月 12 日（日）

夏季特別展
細見美術館アートキャンパス 2015
平成 27 年 7 月 18 日（土）～ 9 月 13 日（日）

琳派 400 年記念祭 琳派展 17
MIHO MUSEUM 所蔵
琳派のやきもの 乾山
平成 27 年 9 月 19 日（土）～ 11 月 23 日（月・祝）

品があることでも周知。美術館では、それらを中心に年数回、常設展示は設けず企画展を開催しています。
特に江戸琳派の作品については、そんなに注目されていなかった四〇年前から丁寧に集められてきたもので、そのコレクションは見応えがあります。
では、次のページで実際に館所蔵の琳派作品を見てみましょう。

細見美術館
■左京区岡崎最勝寺町6－3
TEL 075－752－5555
10：00～18：00（入館は閉館の30分前まで）
茶室／11：00～17：00（不定休）
カフェ／10：30～18：00
休／月曜（祝日の場合は翌日）、展示替期間
料／展覧会による
交／市バス「東山二条・岡崎公園口」

白梅小禽図屏風　はくばいしょうきんずびょうぶ
中村芳中筆　江戸後期（18 世紀）　六曲一隻

光琳を思わせる見事な白梅の老木に、かわいらしい小鳥が止まっている構図。口ばしを大きく開けた様子は、どこか憎めない。

四季草花流水図屏風　しきそうかりゅうすいずびょうぶ
池田孤邨筆　江戸後期　二曲一隻

池田孤邨は酒井抱一の弟子で、兄弟子の鈴木其一と並ぶ高弟。大胆な水流の周囲には四季の草花が散りばめられ、華やか。

個人コレクターである細見家三代が、同じ美意識をもって集めた琳派コレクションの数々は、家に飾っておきたくなるような、優しい線とどこかかわいらしく、ユーモラスな画風が多いのも特徴です。

（細見美術館の作品は 50 ～ 61 頁でも掲載しています）

柳図香包　やなぎずこうつつみ
尾形光琳筆　江戸中期　一幅
香木片を入れた包みをまとめる総包として描かれた。包みを開けると次第に全体が現れるように配置されているという心憎い作品。

細見美術館のかわいい琳派

細見美術館グッズ

○ RIMPOO シリーズ
中村芳中「朝顔図」トートバッグ　5,184 円
（商品により柄の出方が違います）

細見美術館所蔵の人気作品をモチーフに西岡ペンシル氏がブックカバーやトートバッグ、ハンカチにデザイン。モダンかつ大胆なアイテムに生まれ変わりました。

○風呂敷
神坂雪佳「四季草花図 あじさい」1,404 円

○ RIMPOO シリーズ
鈴木其一「水辺家鴨図屏風」ハンカチ　1,944 円
(商品により柄の出方が違います)

○ ARTCUBE オリジナルクッキーカッター　各 1,296 円
中村芳中「仔犬図」、神坂雪佳「金魚玉図」がクッキー型に。
また CAFÉ CUBE では、このオリジナルクッキーカッターで作ったクッキーが味わえるティーセットも販売　800 円。

京都国立博物館

明治古都館から平成知新館をみたところ。大きな庇を持ち、どこか日本的な要素も感じさせる。
撮影：北嶋俊治

約5年の歳月を費やしてオープンした平成知新館では、収蔵品の中から陶磁、考古、絵画、彫刻、書跡、染織、金工、漆工といった分野ごとに、それぞれテーマを定め展示される。
撮影：北嶋俊治

東山の三十三間堂の前に位置する京都国立博物館、略して「京博」。明治三〇年（一八九七）に帝国京都博物館として開館した、日本を代表する博物館です。

入口を入ってすぐ右手。重厚なレンガ造りが印象的な「明治古都館」は、宮内省内匠寮技師・片山東熊《とうくま》が設計したフレンチ・ルネサンス様式を取り入れた洋風建築。現在は特別展などが開催されています。

その隣の真新しい建物「平成知新館」は、二〇一四年九月に約五年の歳月を費やしてオープンした展示館。設計はニューヨーク近代美術館新館などを手掛けた世界的建築家・谷口吉生氏によるもので、日本的な空間構成を取り入れながらもシャープかつモダンなデザインが特徴的。こちらでは絵画・書跡・彫刻・工芸・考古の各分野ごとに設けられた展示室で収蔵品を紹介しています。

レンガ造りの明治古都館は近代日本の歴史的建造物として重要文化財に指定されている。

明治古都館の玄関の上にある三角形の破風（はふ）。仏教世界の美術工芸の神とされる毘首羯磨（びしゅかつま）と伎芸天（ぎげいてん）の像が彫刻されている。

博物館の収蔵品は、社寺からの寄託品を含め約一万二〇〇〇件。幅広いコレクションの中には、雪舟筆「天橋立図」や弘法大師空海筆「金剛般若経開題残巻」、足利義満らが熊野速玉大社に奉納した品のうちの一つ「松椿蒔絵手箱」など、国宝約三〇件、重要文化財約一八〇件を所蔵。もちろん琳派の作品も多数所蔵しています。次のページで実際に館所蔵の琳派作品を見てみましょう。

京都国立博物館
■京都市東山区茶屋町527
TEL075-525-2473
9:30～17:00（入館は閉館の30分前まで）
休／月曜（祝日の場合は翌日休館）
料／名品ギャラリー520円
交／市バス「博物館・三十三間堂前」

太公望図屏風　たいこうぼうずびょうぶ
重要文化財　尾形光琳筆　江戸時代（18 世紀）
二曲一隻

太公望とは中国の賢人として名高い呂尚のこと。呂尚が謂水に釣糸を垂れている姿は多く画題とされてきた。金箔地の上に広がる水と苔、どこかとぼけたような柔らかな呂尚の表情が、大らかな雰囲気を醸し出している。

鶴図下絵三十六歌仙和歌巻
つるずしたえさんじゅうろっかせんわかかん
重要文化財　俵屋宗達画・本阿弥光悦書
桃山時代（17 世紀）

宗達が金銀泥下絵を描き、光悦が柿本人麻呂以下三十六歌仙の和歌をしたためた琳派作品の有名作。約 14 mの巻物になっており、鶴の群れが飛び立ち、画面外に出て、再び画面内に降りてくる。海上をしばらく飛んだ後、雲の上まで急上昇して再び海上に舞い降り、水に足を浸して休息する姿を表現。まるでアニメーションを見ているかのよう。

蓮池水禽図　れんちすいきんず
国宝　俵屋宗達筆　桃山時代（17 世紀）

蓮の花が咲く池に、2 羽のカイツブリが泳ぐ風景を描いた宗達の代表作の一つ。宗達といえば、「風神雷神図屏風」など装飾性の強い作品をイメージするが、このような東洋的で味わいにみちた水墨画の作品も制作している。

京都国立博物館は、俵屋宗達、本阿弥光悦や尾形光琳といった 18 世紀前後の華やかで力強い琳派の作品が多いです。

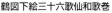

竹虎図　たけとらず
尾形光琳筆　江戸時代（18世紀）

通常、虎の絵は猛獣らしく力強さを表現することが多いが、竹林を背景に腰を下ろした虎は、すねた子供のような顔をして横を睨んでいる。どことなく猫っぽい（?!）雰囲気のこの作品は京博でも人気。

京博のかっこいい琳派

〈特別展情報〉

琳派の作品はここで観られます！

光悦村開創400年記念 琳派 京《みやこ》を彩る

平成27年10月10日（土）～11月23日（月・祝）

風神雷神図屏風　ふうじんらいじんずびょうぶ
国宝　俵屋宗達筆　江戸時代（17 世紀）　京都・建仁寺

おなじみ宗達の代表作の一つ。風神と雷神を左右画面の上ぎりぎりに配置し、中央にたっぷり空間を取っている。また、風にたなびく天衣や風神の風袋、筋肉などが印象的だ。所蔵先は建仁寺だが京都国立博物館が寄託を受けて保管している。

○縮小屏風「四季花鳥図屏風」京都国立博物館所蔵　酒井抱一筆　5,400 円

四季が表現されているので季節を問わず飾れるので、おすすめです。

○縮小屏風「国宝 風神雷神図屏風」(小) 俵屋宗達筆　建仁寺所蔵　4,320 円

人気の風神雷神図屏風のミニチュア版。

所蔵・寄託作品以外にも琳派グッズが豊富に揃います。

○オリジナル清水焼人形「竹虎図」尾形光琳筆より京都国立博物館所蔵　清水六兵衛窯 6,480 円

墨絵の雰囲気そのままに六兵衛窯で焼かれた本格的な清水焼人形。手のひらサイズでかわいい。

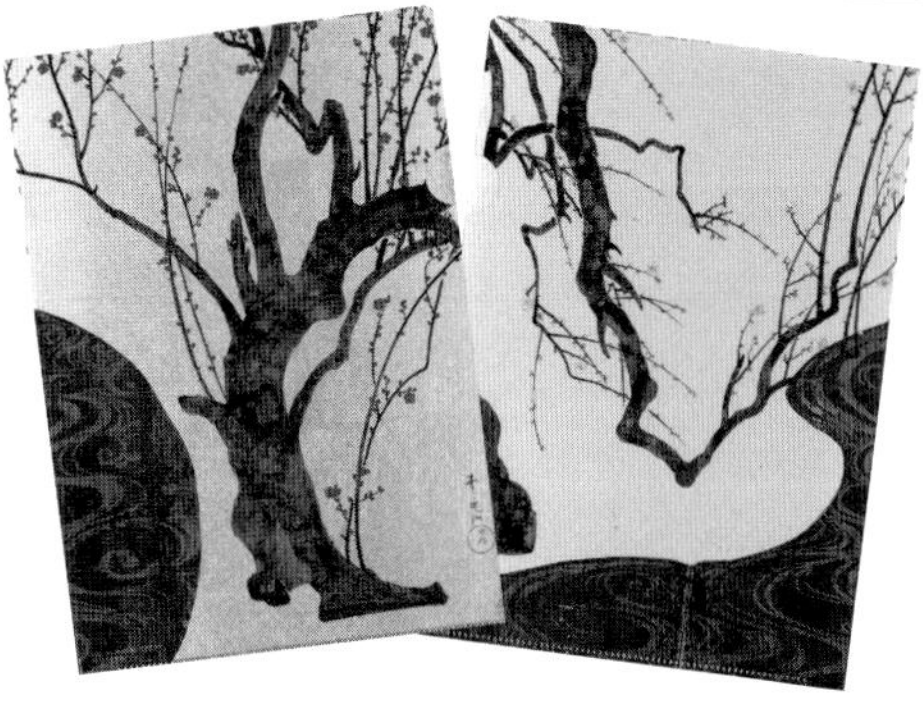

○金箔風クリアファイル「国宝 紅白梅図屏風」尾形光琳筆　MOA 美術館所蔵　540 円

光琳の紅白梅図屏風を金箔風のクリアファイルに。ファイルの間に１枚金の間仕切りが入っており、本物に近い風合いが楽しめる。

○京都国立博物館　名品トランプ　1,750円

京都国立博物館名品図録に準じた内容のトランプ。遊んでいるうちに名品に詳しくなれるかも。全作品の説明が日本語と英語で書かれた解説書付き。

ミュージアムショップ 京都便利堂
TEL 075-551-2369
9：30～17：00
特別展開催時は～18：00、金曜日は～20：00
休／月曜（祝日の場合は営業、翌日休）

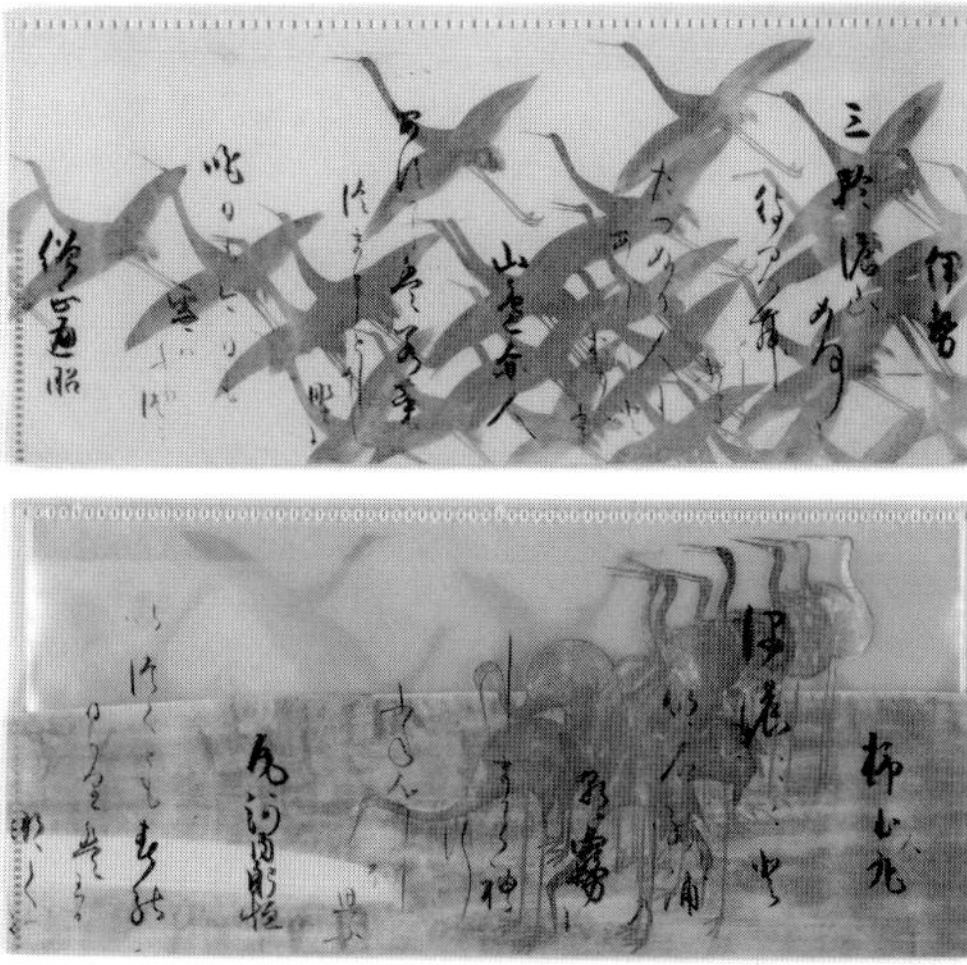

○チケットホルダー「重文 鶴下絵和歌巻」

書・本阿弥光悦　画・俵屋宗達　京都国立博物館所蔵　410円
鶴下絵和歌巻を横長のチケットホルダーに。

樂美術館

樂家の玄関にかかる白い暖簾は、光悦筆の写し。代々、当主が代わる度に新しいものを仕立ててきた。

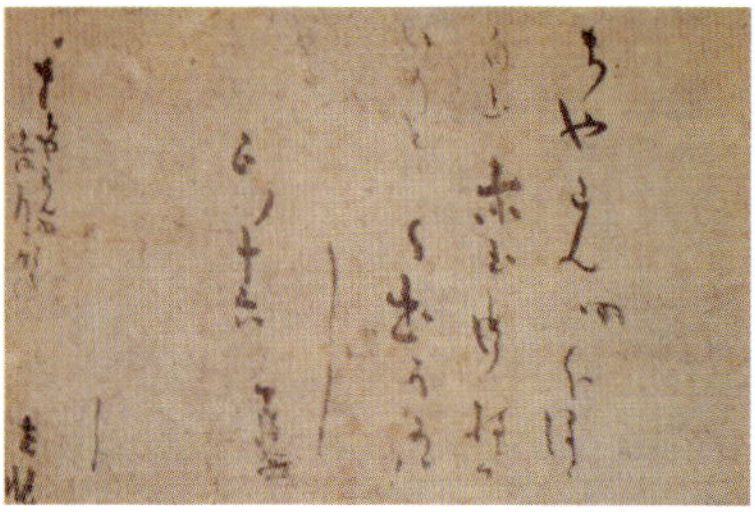

吉左衛門宛　光悦　消息　「ちゃわん四分ほと白土赤土…」
光悦から吉左衛門・常慶に宛てた書状。「茶碗四つ分を作るのに必要な分の赤土と白土を急ぎ、持ってきていただきたい」という内容。

本阿弥光悦の京屋敷跡や茶道の武者小路千家が建つ油小路通を南へ下った静かな住宅街に、四五〇年間、樂焼を営んできた樂家があります。樂焼は千利休《せんりきゅう》の意を受けた初代長次郎が創始したとされ、轆轤《ろくろ》を使わず手づくねで成形し小さな窯で一碗ずつ焼き上げられます。

共に美術工芸の世界で生きた光悦との関係も深く、樂家の隣に建つ樂美術館でも光悦の茶碗を数点、収蔵しています。というのも光悦に茶碗造りの手ほどきをしたのが二代常慶と三代道入といわれ、そのほとんどは二人によって樂家で焼かれたものなのだとか。

光悦の茶碗といえば国宝「不二山」が有名。口縁部をヘラで鋭く削り、白い釉薬を掛けた富士山を思わせる力強い茶碗ですが、同館所蔵の飴釉樂茶碗「立峯」は、熟柿のような飴釉の上に口縁部からさらに飴釉を掛

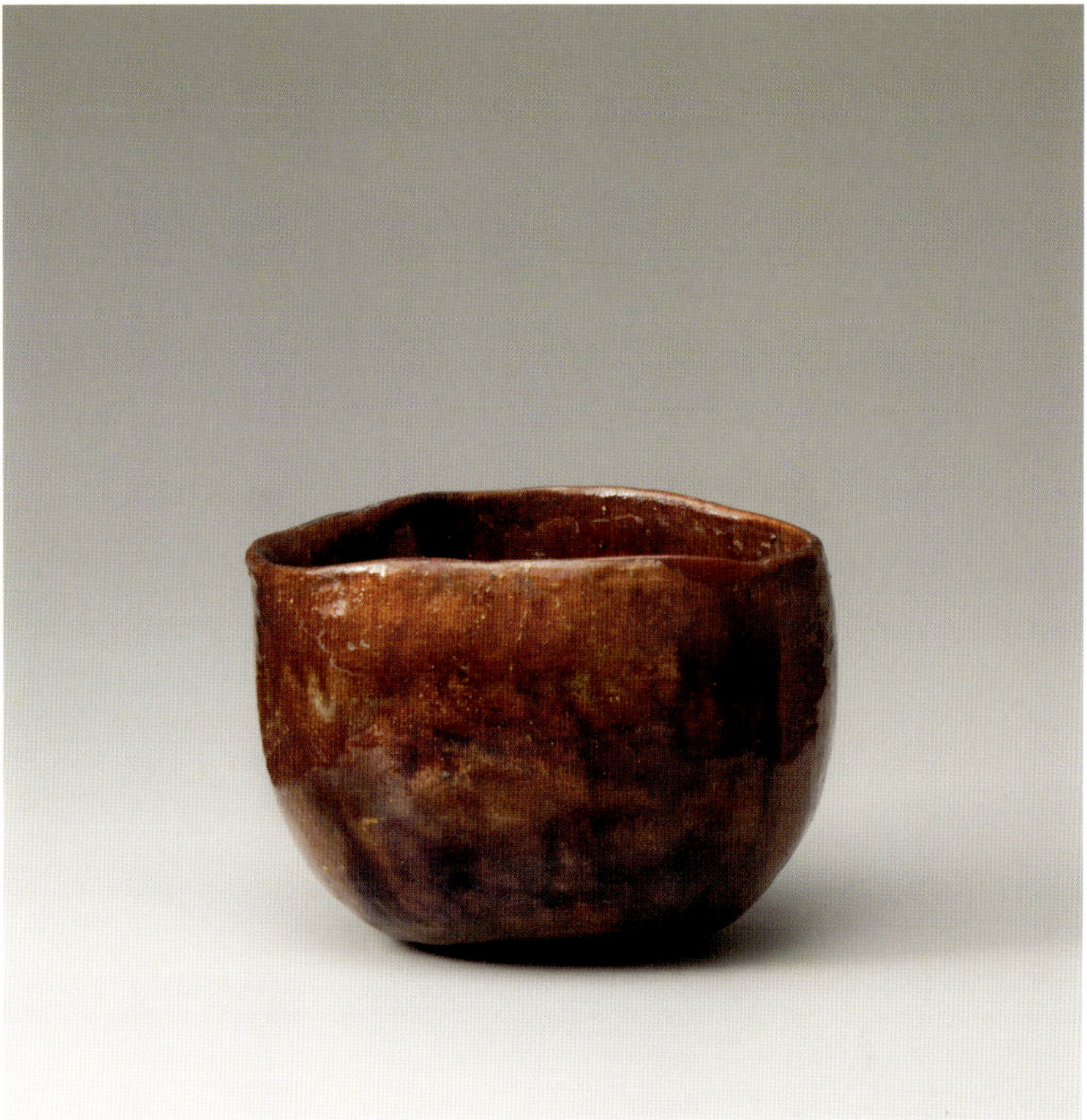

本阿弥光悦作　飴釉樂茶碗　銘「立峯」

け、水垂れのように筋を引かせた様は独特の力強さと趣きがあります。

また同家には、光悦からの手紙も数点残されており、その中には「茶碗を四つ作るための土を、至急届けてほしい」「自分が造った茶碗に釉掛けをしてほしい」と頼んでいるものがあります。

簡素な文面でありながら、宛名に「ちゃわんや」と書いたところなど、樂家への親しみと愛情が窺えます。

樂美術館

■上京区油小路通一条下ル
TEL０７５－４１４－０３０４
10：00～16：30（入館は16：00まで）
休／月曜（祝日は開館）、展示替え期間
料／展覧会により異なる
交／市バス「一条戻橋」

京指物資料館

雪佳の図案。展開図で描かれていた。

雪佳の図案と、それを元に作られた、なでしこの小棚。鏡台などの横に置き、化粧道具などが仕舞われた。こちらは今も販売されている。

神坂雪佳の絵を色紙に。かつて扉に色紙を飾るデザインの扉があり、その棚用の色紙だったと思われる。

「平目地斎宮蒔絵硯箱」
神坂雪佳が図案を描き、実弟で蒔絵師の神坂祐吉が手掛けた硯箱。こちらもかつては宮崎で販売されていた。

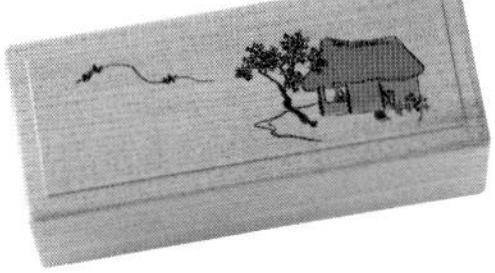

のどか（小） 8,800円。
かつて神坂雪佳が宮崎のために描いた意匠を小箱に復刻。アクセサリー入れなどにおすすめ。

京指物資料館
■中京区夷川通堺町西入ル
宮崎平安堂ビル2F
TEL 075-222-8221
10:00〜17:00
休／水曜　料／無料
交／地下鉄「丸太町」

一五〇年間、京指物による家具を製造販売してきた「宮崎」。

指物とは金物の釘や接合道具を使わず、木を組み合わせて接合する組み手のこと。中でも京指物は、桐や檜など杢目《もくめ》の目立たない木を使用。漆や螺鈿《らでん》、金工を施し、洗練されたデザインが魅力です。

宮崎は、それら京指物の図案を竹内栖鳳や上村松園、堂本印象、神坂雪佳など著名な画家や工芸家に依頼。まさに芸術と呼ぶにふさわしい幾多の家具を製造販売してきました。

中でも雪佳は、同店の年賀状や包装紙を手掛けたり、同店主催の「婚儀用具研究会」に参加。嫁入り箪笥や新婚夫婦の居間のインテリアまで幅広くデザインを提案しています。

こちらでは、宮崎の家具や貴重な資料と共に雪佳デザインの商品や図案も展示。間近に観ることができます。

琳派を買いに街へ

世界のファッションブランドを魅了した琳派作品を買う。

昔の図書目録

85年ぶりに復刻された『海路』。刊行当時の版木を熟練の摺師が一枚一枚丁寧に摺り上げた。

芸艸堂《うんそうどう》

美術商や骨董商が建ち並ぶ、寺町通で、明治二四年（一八九一）に創業した「芸艸堂」は現在日本で唯一、手摺木版本を刊行する美術書の出版社です。

屋号の「芸艸堂」の名付け親は文人画家・富岡鉄斎。初代が修業先の田中文求堂から独立する際、ミカン科の多年草で、その強い香りから古来、書物に挟むと虫がつかないとされてきた「芸艸」を名にすると縁起が良いとして、命名されたとのこと。以来、版元として多くの美術書を発行してきました。

芸艸堂の数ある出版物の中でも、ことに有名なのが神坂雪佳の『百々世草』『海路《かいろ》』『蝶千種《ちょうせんしゅ》』などの木版画集。京都には染織工芸を生業としている家々が多くありますが、これ

版木蔵
うず高く版木が積まれた版木蔵。その数は約数万枚にものぼる。最後に摺られたのがいつなのかは、版木を包んだ新聞を見ればわかる。中には戦前の新聞で包まれたものも。

ら画集は図版集としての役割を担っており、ここからインスピレーションを得たり、客にデザインを提案したのだとか。

そういえばエルメスの機関誌「ル・モンド・エルメス」の表紙と巻頭特集に、『百々世草』が使われたことをご存知な方も多いのでは。これは、それらを所蔵していた京の呉服商を訪れたエルメスの社長が偶然、目にして決定したのだとか。また芸艸堂が所蔵する雪佳などの図版とユニクロがコラボしたTシャツやステテコの記憶も新しいところです。

雪佳の図版が時代を経て、今なお新しく感じるのは、芸艸堂を支える版画の技術の素晴らしさにもよるのでしょう。

神坂雪佳『百々世草』「春の田面」（芸艸堂）

現在でも木版摺りには、彫師《ほりし》、摺《すり》師《し》、和紙職人の技が重要です。

それぞれの職人の技術は言うまでもなく、芸艸堂で使う版木は堅牢緻密な桜材を、和紙も多色摺りなら越前の生漉奉書を、版本には土佐和紙や因州和紙などが使われています。

この神坂雪佳の『百々世草』もそうした職人らの技術の結晶でできているのです。

神坂雪佳『百々世草』「住の江」（芸艸堂）

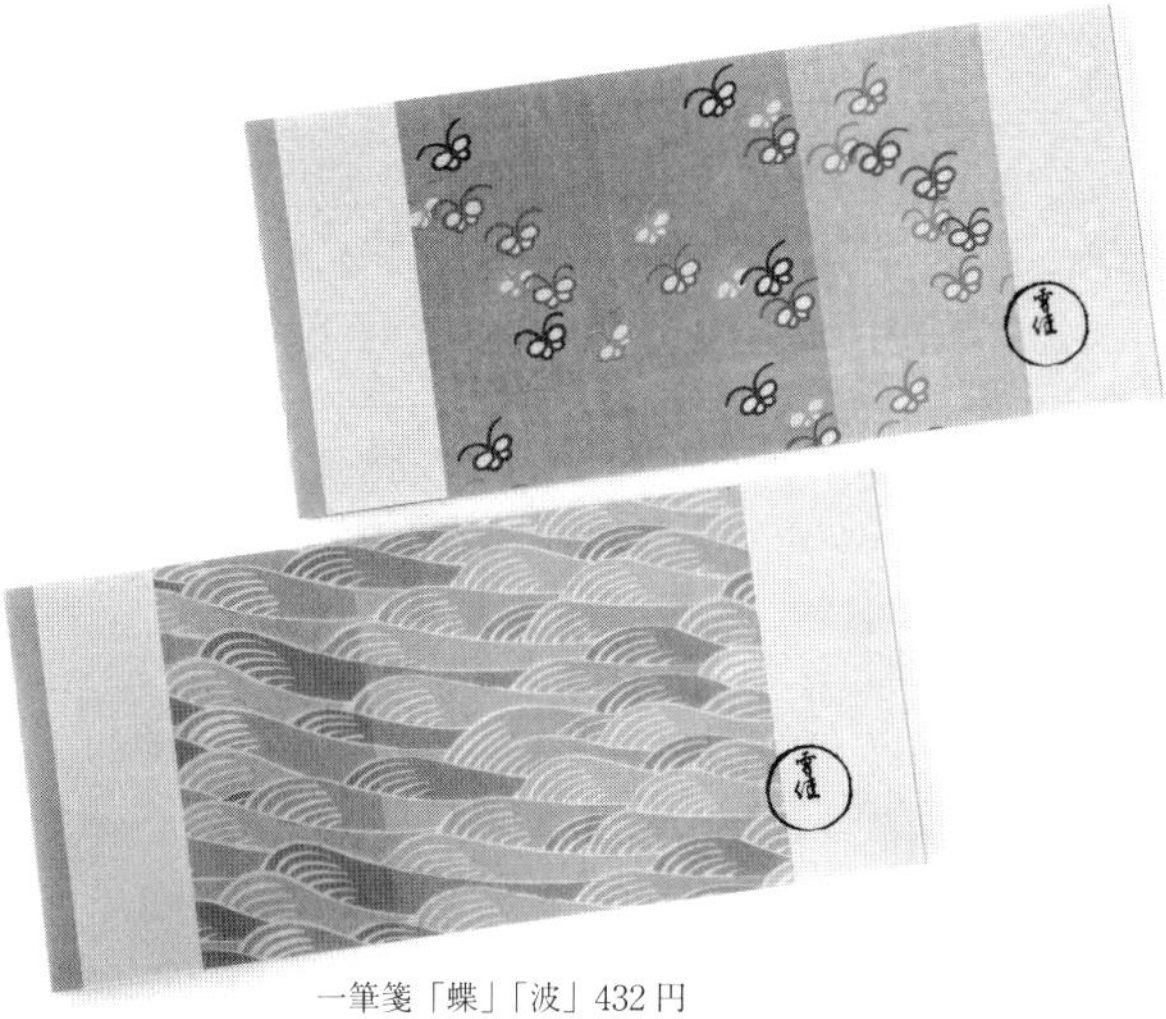

一筆箋「蝶」「波」432円

芸艸堂では、図版とその高い版画技術とを利用して美術品や本だけでなく、ユニークでおしゃれな商品も販売しています。

木版折型封筒「海路」2,700円
「海路」より3図版を抜粋し、和紙と手摺の風合いが美しい折型封筒に。

神坂雪佳筆の絵ハガキ108円は、どこかウィットな印象。

A4クリアファイル仔犬 324円
中村芳中「光琳画譜」の愛らしい仔犬をデザイン。

芸艸堂
中京区寺町通二条南入ル
TEL 075-231-3613
9:00~17:30
休/土・日曜、祝日
交/地下鉄「京都市役所前」

「海路」 各324円。

琳派デザインお買い物図鑑

SHOPPING BOOK OF RIMPA DESIGN.

琳派ってどんなもの？
日本人の美意識が凝縮

琳派ゆかりの地を旅して、美術館や博物館で鑑賞した後は、京都ならではは、琳派らしいデザインの品々を買って手元に置いて眺めたり、身近において使いたいもの。

そこで、細見美術館広報室長の三宅由紀さんに、琳派デザインについてお聞きしました。

日本美術というものは難しいと思われがちで、鑑賞する時は「勉強」するという概念が強いのではないでしょうか。ですが、ここまで見ていただいたように、琳派作品は「あら、かわいい」「とっても綺麗」という〝感覚〟で楽しめる画派。特別なジャンルではなくて、日本人の心の中にある共通の「美意識」が形となっている世界なので、わたしたちの日常生活のどこにでも琳派は存在しているのですね。ですから勉強しなくても感覚で楽しめる作品です。

ですから、「これが琳派だ！」という決定

神坂雪佳『海路』（芸艸堂）

的なものが無いのが困りどころです。もちろん多く使われるモティーフでは千鳥や光琳菊、波というものもありますし、モティーフをスタンプみたいにポンポンポンと散らしたり、繰り返したりする特徴はあります。ですが、それらを使ったからといって琳派になるわけではありません。

例えば、「ザ春」「ザ秋」という景色を思い浮かべる時、満開の桜や真っ赤に燃え盛るような紅葉をイメージするのではないでしょうか。そんな風に頭の中で散りかけた桜やこうあって欲しいと思う理想の姿、デフォルメした究極の美を琳派は表現していると思います。そうして、どんどんディフォルメしながら、究極に削ぎ落してテーマのみをクローズアップするようになります。そう、今でいうならスマホで撮ったコーヒーカップの写真を指でピンチアウトしていって、最後は中のコーヒーだけを観るような感覚。尾形光琳の宇治橋を描いた団扇などは、もはや緻密な線を一本引くだけで橋を表現してしまいます。琳派のデザイン

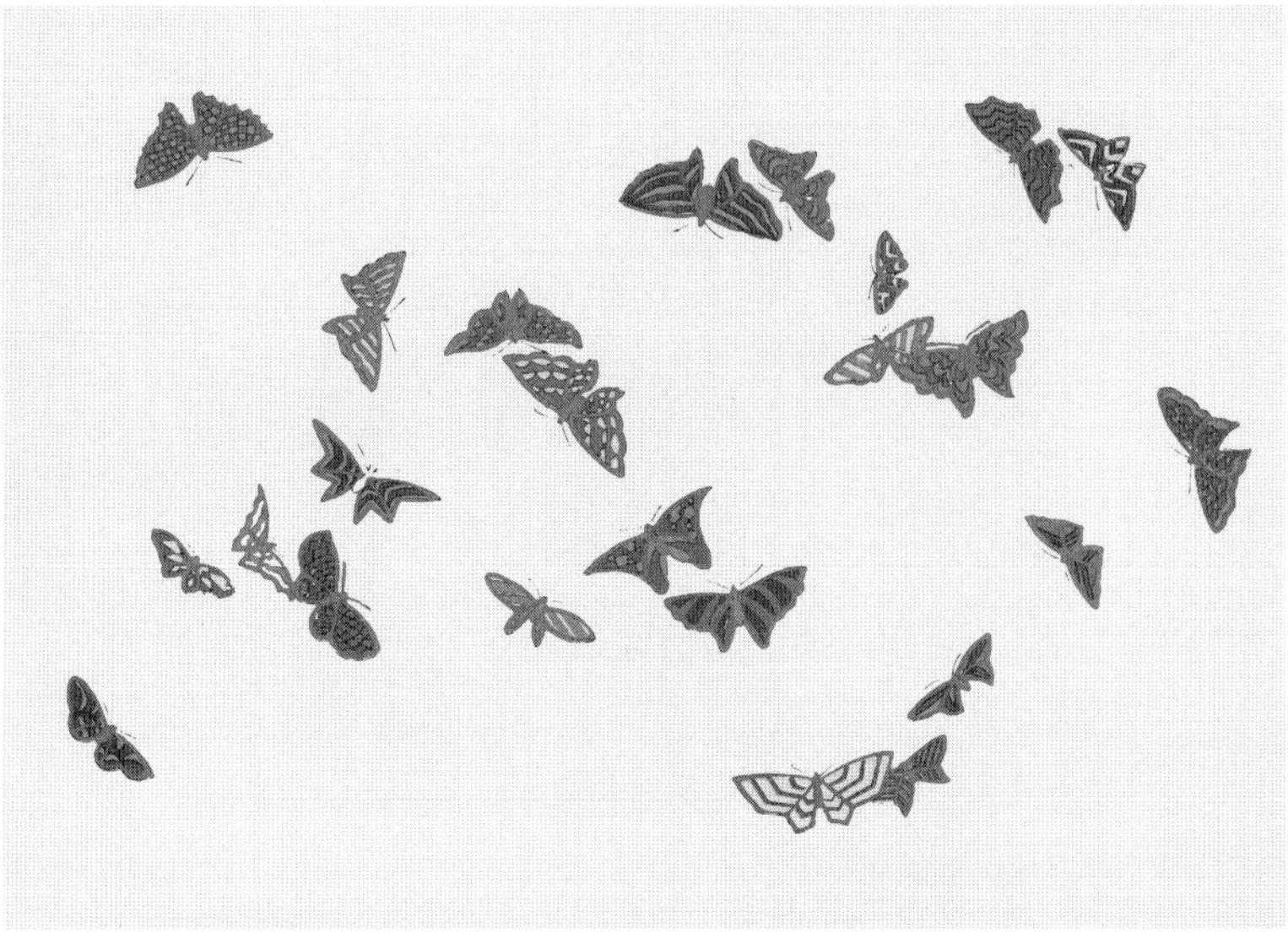

神坂雪佳『蝶千種』(芸艸堂)

は京都の和菓子店のパッケージや包装紙にもよく見られますが、二條若狭屋の不老泉(94頁)や掛け紙など、あんなにもデフォルメされた老松の絵でも「松だな。おめでたい柄だな」と分かるんですね。それは日本人ならではの「美意識」のDNAがあるからこそ。そして、それをさらに削ぎ落していくと、雪佳などのようにグラフィック・デザインの世界になっていくのですね(図版・海路、蝶千種)。

また琳派の面白いところは、単に絵を描くだけではなく、漆芸や陶器、着物のデザインまで多岐にわたっていることです。また、本阿弥光悦と俵屋宗達にも見られるようにアーティスト同士がコラボレーションをしたりと、とても柔軟性、創造性があることです。いってみればトータルコーディネート、プロダクトデザイナーのような要素がとても強いのかもしれません。

例えば、無印良品のようにプロダクトデザイナーが手掛けた家具や雑貨で室内を統一すると、美意識の統一ができます。そう

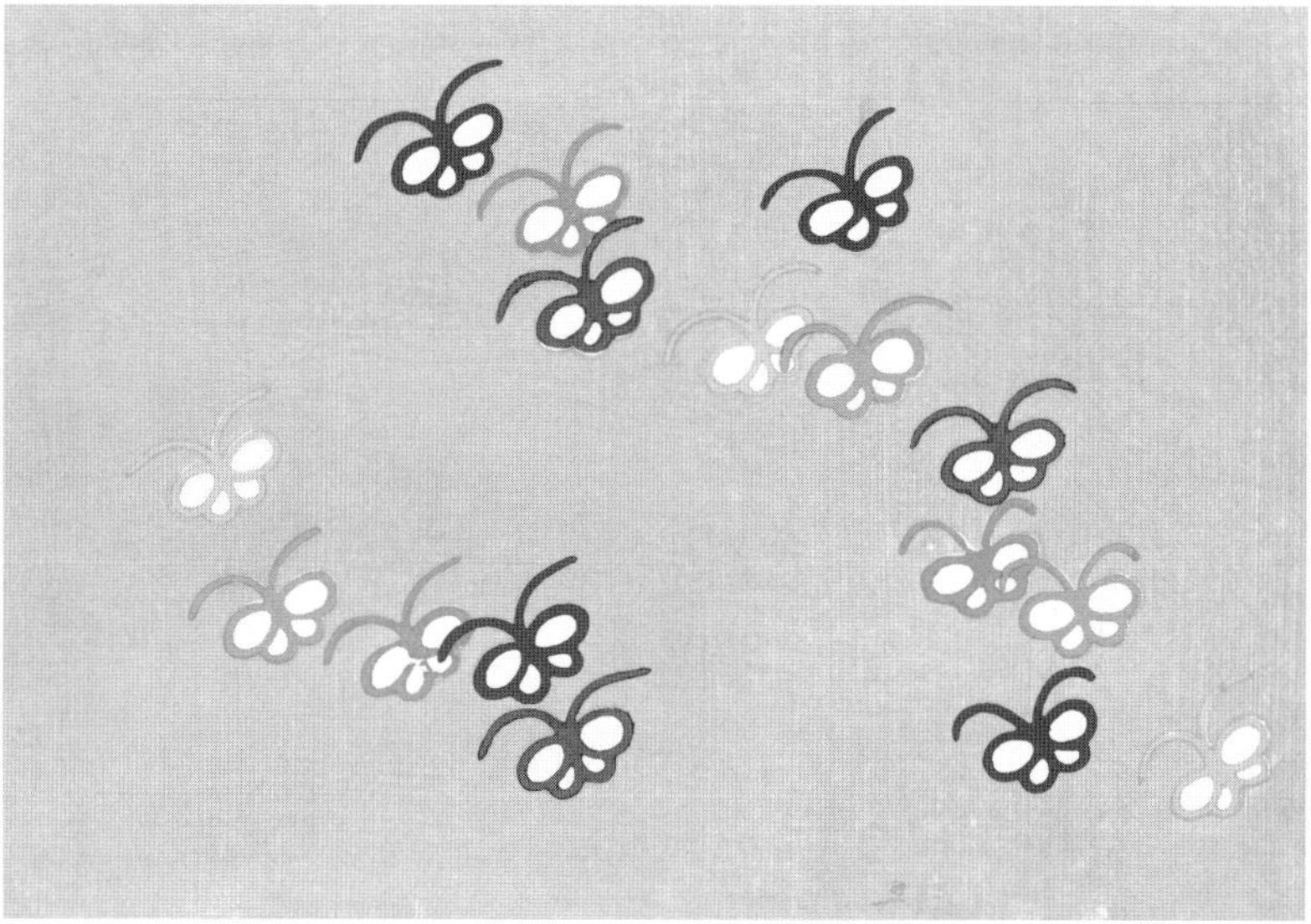

神坂雪佳『蝶千種』(芸艸堂)

いえば屏風や掛軸なども部屋のインテリア・アイテムです。そういう風に琳派の作品を通して、家の中のイメージを統一することができる。そういうところが現代にも共通するのかもしれません。

琳派は四〇〇年前にスタートはしましたが、決して過去の画派ではありません。意外に現代のアーティストも琳派の影響を無意識に受けていたり、私たちの中にもDNAのように、脈々とその美意識は自然に流れ込んでいるのです。ですから、学生さんを案内して当館の琳派作品を鑑賞していると、雑貨屋さんで雑貨を見るのと同じ感覚で「かわいい」「きれい」とか「お部屋にあったらいいね」といいます。とすると、琳派の感覚は決して古いものではなく、現代人も江戸時代の人も全く変わらない感覚、「日本の美意識の塊が琳派」で、それらを手掛けてきたのは、「ある美意識を持っていた集団」なのかもしれません。人の「美意識」というのは廃れることがないので、現代にも生き続けているのですね。

日菓の「和菓子」

日菓の杉山さんと内田さん

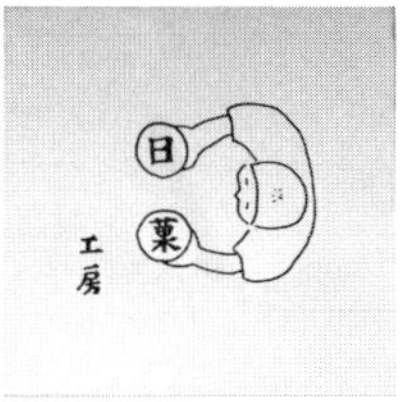

日菓の看板

(左) 狗児の目の目　360円

鞍馬口通に建つのは、かわいらしい店構えの創作和菓子作家「日菓」さんの店舗です。

和菓子店に勤務していた杉山早陽子さんと、和菓子職人を目指していた内田美奈子さんが「日菓」を結成したのは二〇〇六年。以来、和菓子を作品として作り、イベントやお茶会、結婚式のために新しい意匠を考案、制作しています。

そんな日菓さんに「琳派」をテーマに作品を作ってもらいました。

カタツムリをじっと見つめる仔犬の姿を捉えた、神坂雪佳の「狗児」は五二頁でも紹介しましたが、こちらは、その仔犬の目を表現しているのだとか。「琳派というと、モティーフのクローズアップやデフォルメなど、構図の切り口の斬新さが特徴だと思ったので、そこに着目して私たちなりにクローズアップしてみました」と内田さん。

そう、この作品は仔犬の目に映るカタツムリを表現したお菓子。こんな可

愛らしくもユニークな琳派を愛で、食べるのも楽しそうです。

日菓
●にっか
北区紫野東藤ノ森町11－1
TELなし（HPよりメールにて問合せ）
http://www.nikkakyoto.com
店舗は月に一回開店（HPにて確認を）
※制作注文は、二週間ほど前にメールで
交／市バス「堀川鞍馬口」
MAP／126頁

二條若狭屋の「不老泉」

不老泉（1個バラ売り） 216円

〈包装紙〉
箱詰にした時に掛けてもらえる、掛け紙。

松、兎、花が描かれた小さな小箱に入っているのは、それぞれ善哉《ぜんざい》と抹茶風味、そして真っ白な葛湯。器に移し、お湯を注ぐとかわいらしい千鳥が浮いてくる逸品です。

初代・藤田芳次郎が当時の京都画壇の人々と交流があったことから、このパッケージを手掛けたのは木版画家の徳力富吉郎。掛け紙や包装紙には夏目漱石の『吾輩は猫である』などの挿絵でも有名な画家で書家の中村不折《ふせつ》の文字と神坂雪佳の手になる老松が描かれています。

店には雪佳や酒井抱一、竹内栖鳳などの絵が飾られ、こちらも素晴らしいものです。

二條若狭屋
●にじょうわかさや
中京区二条通小川東入ル西大黒町333-2
TEL 075-231-0616
8:00〜18:00、日曜・祝日〜17:00　無休
取り寄せ／可
交／地下鉄・市バス「二条城前」
※寺町店は（27頁）MAP／126頁

初代「不老泉」のパッケージデザインは神坂雪佳。当時は善哉、抹茶、片栗の他にコーヒーがあったのだとか。

聖護院八ッ橋総本店の「聖護院八ッ橋」

聖護院八ッ橋（24枚入り）540円～

真っ赤な地色に杜若《かきつばた》が描かれた、聖護院八ッ橋総本店のパッケージ。

八ッ橋と杜若といえば、『伊勢物語』九段、通称「東下り」をテーマとした構図で、尾形光琳の「八橋蒔絵硯箱」や橋こそないものの「燕子花《かきつばた》図屏風」などに見られるように、琳派を初め様々な日本美術の題材になりました。

同店のパッケージは古典的な図柄ながら、インパクトのある、どこかしらポップな印象が琳派らしい風情。

八ッ橋は、ニッキの香りがお茶だけでなくコーヒーにもよく合うオールマイティーなお菓子です。

聖護院八ッ橋総本店
●しょうごいんやつはしそうほんてん
左京区聖護院山王町6
TEL ０７５-７５２-１２３４
８：００～18：００　無休　取り寄せ／可
交／市バス「熊野神社前」
ＭＡＰ／38頁

総本家河道屋の「蕎麦ほうる」

蕎麦ほうる（袋 90g 入り）324 円～

筋入りの色特注紙に、花と丸が散りばめられた包装紙は、京都の人々に親しまれている「蕎麦ほうる」の包装紙。絶妙な配置具合は琳派のデザインを思わせます。

河道屋の創業は古く、享保八年（一七二三）には営業をしており、三〇〇年以上続く老舗です。最初は菓子店として開業し、後に蕎麦店（晦庵河道屋）も開業しました。

「蕎麦ほうる」は、蕎麦粉と玉子、砂糖を使い、南蛮菓子の手法を元に作られた、花形と丸の形がユニークな菓子。

同店での呼び方は、ボウロではなく「ほうる」。そこもまた魅力の一つです。

総本家河道屋
●そうほんけかわみちや
中京区姉小路通御幸町西入ル
TEL ０７５－２２１－４９０７
８：３０～１８：００　無休　取り寄せ／可
交／地下鉄「京都市役所前」
ＭＡＰ／３０頁

青木光悦堂の「COVACO」

川千鳥 648円
琳派 400 年「風神雷神セット」1,631円

和紙に一枚ずつ上品な和柄が手摺された可愛らしい、この小箱。

飴や米菓子などを販売している青木光悦堂の「COVACO」シリーズです。絵柄は季節限定を合わせると三〇余種類。中には、昔ながらの飴が入っています。

この図柄は琳派によく登場する川千鳥と、風神雷神図がモティーフ。元の作品より、可愛らしくキュートな印象で、眺めていると思わず、微笑んでしまいそう。

食べた後の小箱は、クリップや輪ゴムなどデスク周りの雑貨や箸置きなどキッチン回りの小物を入れるのに便利。さて、何を入れましょうか。

青木光悦堂
●あおきこうえつどう
山科区大宅御所田町30-3
TEL 075-592-8773
9:00〜17:00
休/土・日曜、祝日　取り寄せ/可
交/地下鉄「椥辻」から車で5分
MAP/126頁

七條甘春堂の「工芸菓子 金魚」

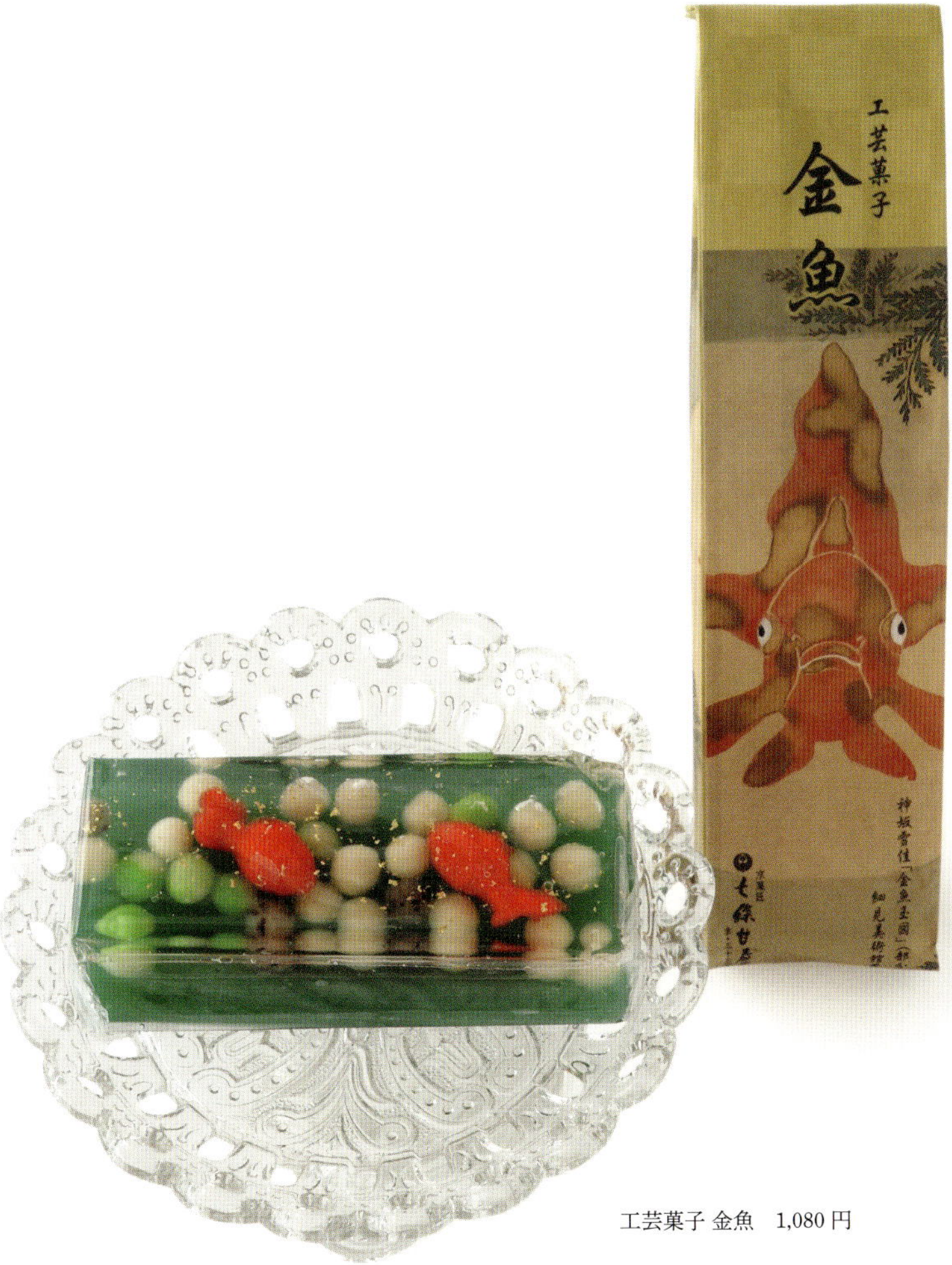

工芸菓子 金魚　1,080円

京都国立博物館のお隣。立派な松がそびえる和菓子店が七條甘春堂です。こちらで琳派四〇〇年に向けて作ったお菓子が、工芸菓子の「金魚」。神坂雪佳の「金魚玉図」に題材を得て、あくまでも可愛らしく、羊羹の上に小石を散し、寒天で水を表現。そこに赤くて可愛らしい金魚を泳がせました。

同店では他に、養源院の白象を和三盆糖で仕上げた麩焼き煎餅や、風神雷神などの干菓子もあるそう。

琳派作品を見た後、こんな可愛らしいお菓子とお茶で一服なんて、いかがでしょう。

七條甘春堂 本店
●しちじょうかんしゅんどう ほんてん
東山区七条通本町東入ル
TEL ０７５-５４１-３７７１
10：00～18：00
休／無休　取り寄せ／可
交／市バス「博物館三十三間堂前」
MAP／37頁

六兵衛窯の「水の図向付」

水の図向付（縦 11㎝、横 23.6㎝）
赤絵　8,100 円、呉須絵 7,560 円、鉄絵 8,424 円

五条坂に建つ六兵衛窯は、江戸時代後期の明和八年（一七七一）に初代・清水《きよみず》六兵衛が開窯し、以来、八代続いている京焼の名家。伝統的な作品だけでなく、代々、新しい作品を生み、代ごとに異なった作風を見せる所も魅力です。

それぞれの当主たちは、円山応挙や竹内栖鳳、富岡鉄斎など、その時代を代表する画家たちとの合作も行ってきましたが、五代目は、関西洋画壇の浅井忠が主宰する陶芸の研究団体「遊陶園」に参加。明治の中頃には浅井忠の後を受ける形で神坂雪佳が主宰となり、工芸の新しい表現を目指した研究団体「佳美《かび》会（後、佳都美会）」で、共に新しいデザインを研究しました。今も六兵衛窯には、雪佳が下絵を描いたものや、コラボレーションした器が多数残っています。

この「水の図向付」もその中の一つ。雪佳の意匠を元に五代目が制作した皿を当代が復元したもの。下絵を忠実に再現し流れるような筆遣いが見てとれ

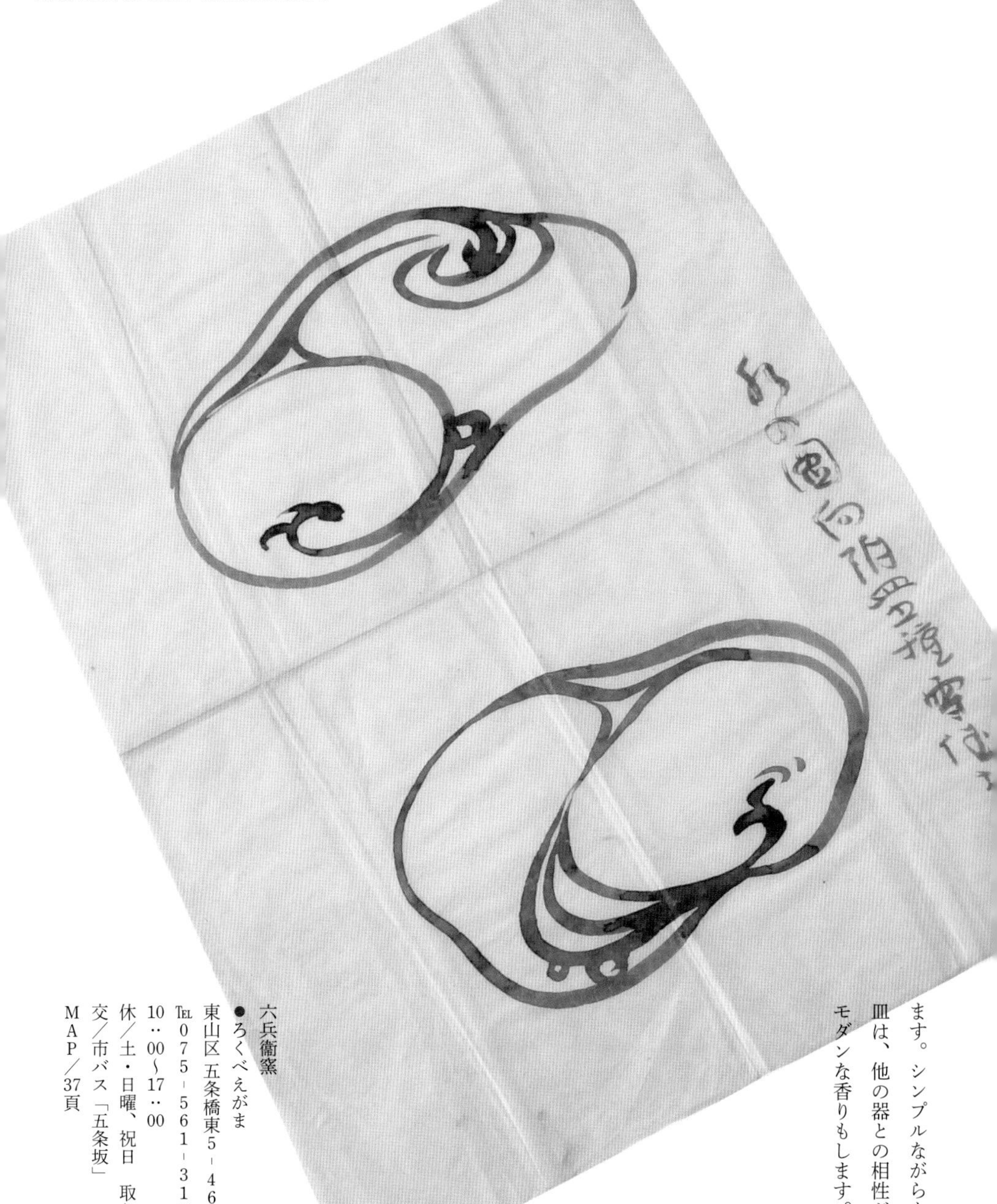

ます。シンプルながらも上品な染付の皿は、他の器との相性が良く、どこかモダンな香りもします。

六兵衛窯
●ろくべえがま
東山区 五条橋東5-467
TEL 075-561-3131
10:00~17:00
休/土・日曜、祝日 取り寄せ/可
交/市バス「五条坂」
MAP/37頁

うるわし屋の「流水・鶴蒔絵弁当」

竜田川蒔絵皿　12,000円
料理だけでなく、お菓子を載せたりと日常に使いやすそう。

京都御所の前に建つ、うるわし屋は、幕末～昭和初期の中でもコンディションの良いアンティーク漆器を中心に扱う、器の店。上質な漆器の魅力を知ってもらい、「もっと気軽に使ってもらいたい」と、日常生活の中に取り入れやすい品々を揃えています。

今回、同店の奥から特別に出してもらったのが、蒔絵や螺鈿などの細工を施した豪華なお弁当セット（左頁）。おそらく明治時代のものだそうですが、どんな方が使ったのだろうと思わせる逸品です。

お弁当類を納めた棚は、流水と杜若をデザイン。花形の四段重は金漆が施され、鶴を飛ばせた意匠で、一番下が深く、上に行くほど浅くなっています。四角い取り皿は計五枚。それぞれに異なった流水が描かれ、金漆に梅が描かれた角皿も添えられています。梅を描いた杯は朱漆でかわいらしく。これらのお皿と杯は棚の引き出しに収まるようになっています。

流水・鶴蒔絵弁当　（値段は問合せ）

お花見や蛍狩りの折に使用されたのでしょうか。どれも琳派でよく使われる意匠が施された、お弁当セット。生活の中に自然と琳派デザインが入り込んでいるのが分かる、風流な遊び心にあふれた逸品です。

うるわし屋
●うるわしや
中京区丸太町通麩屋町東入ル
TEL ０７５－２１２－００４３
11：00～18：00
休／火曜　取り寄せ／不可
交／地下鉄「丸太町」、
　市バス「河原町丸太町」
MAP／30頁

うつわや　あ花音の「器」

村田真人　乾山小皿１枚　10,800円

南禅寺の門前。小さいながらも個性的な器を扱う「うつわや　あ花音」。若手作家を中心に店主の梶裕子さんの審美眼にかなった、陶器やガラスなどセンス溢れる品々が並びます。

今回、セレクトしてくださったのは、こちらの器。今、大人気の陶芸作家の作品です。

村田真人さんの「乾山小皿」は尾形光琳の弟・乾山の「銹絵《さびえ》染付絵替土器皿」を村田真人さんらしく写したもの。素朴な風合いで載せるものを選ばない作品です。

植葉香澄さんの器は様々な文様を組み合わせ、金を多用した華やかで現代的な作品。琳派のダイナミックさを彷彿とさせます。

村田森さんは、四方向付と乾山写しの六角小付を。乾山の特徴でもある持つ筆の太さと抑揚のきいたタッチが印象的。

こちらでは年に数回、梶さんが設け

植葉香澄　梅七宝文四方盃　21,600円
竹文亀盃　19,440円

村田森　銹絵梅文雪笹四方向付
乾山写銹絵六角小付（共に参考商品）

たテーマで作家が作品を作るユニークな企画展「あ花音劇場」を開催。面白い作品が見られるとファンも多く、こちらも見逃せません。

うつわやあ花音
●うつわやあかね
左京区南禅寺福地町83－1
TEL 075－752－4560
10：30～17：30
休／月曜（祝日の場合は営業）
交／地下鉄「蹴上」
MAP／126頁

京うちわ 阿以波の「両透うちわ」「木版うちわ」

神坂雪佳草花図うちわ 5,832円

元禄二年（一六八九）創業。美しいうちわで知られる阿以波は、かつて禁裏の御用を務めた名店。中でも先代が考案した、透かしの技法を取り入れたうちわは、京の夏の設えに欠かせない品であり、憧れの逸品でもあります。

常は毎年、新柄を発表・制作していますが、こちら（107頁）は特別に先代が制作したうちわに当代が少しアレンジを加えた、両透かしの豪華な品。光琳の流水に秋草をあしらったものと、神坂雪佳を思わせる白鷺という見事な品は、見ているだけでも優雅な気持ちになります。

また、新しく復刻されたのが、店に残されていた版木を元に、竹中木版が摺った神坂雪佳の版画をうちわにしたもの。小ぶりのうちわに、木賊や猪の牙で磨かれた持ち手が美しい逸品です。

扇いではもちろん、飾るだけで涼が感じられるうちわですが、かつては、その風で魔を打ち払うともいわれうちわは縁起物でもあったとか。大切な方

への贈り物にもするのもおすすめです。

秋草光琳水（竹台付き） 34,560円
白鷺（竹台付き） 27,000円

阿以波
●あいば
中京区柳馬場通六角下ル
TEL 075-221-1460
9：00～18：00
休／日曜日・祝日（4～7月は無休）
取り寄せ／可
交／地下鉄「四条」、阪急「烏丸」
MAP／30頁

宮脇賣扇庵の「茶扇子」

瓢箪 4,320円
光琳の梅 4,104円
ゴールド紅白梅 3,240円

虫籠窓にバッタリ床几《しょうぎ》と伝統的な京町家の建物が印象的な、江戸時代創業の扇店・宮脇賣扇庵。

同店の扇子は、見た目や扇面の美しさだけでなく、その開き具合や重さ、使い勝手まで、まさに用と美が一体となった逸品として定評があります。

同店には夏扇から舞扇、飾り扇など様々な扇がありますが、こちらは茶席で使用する小さな茶扇子。

通常は、あまり開くことのない品ですが、せっかく琳派な絵が施されたおしゃれな扇子。インテリアとして部屋に飾るのも面白そうです。

宮脇賣扇庵
●みやわきばいせんあん
中京区六角通富小路東入ル大黒町80－3
TEL 075－221－0181
9：00～18：00（夏季～19：00）
無休　取り寄せ／可
交／地下鉄「烏丸御池」「京都市役所前」
MAP／30頁

かづら清老舗の「かんざし」

紅葉に鹿 86,400 円
かきつばた 39,960 円

江戸時代より女性たちの美しい黒髪を彩ってきた祇園のかづら清老舗。特製椿油やつげ櫛、かんざしなど和雑貨を扱う店です。

しっとりと艶やかな漆のかんざしは、同店の工房で各工程の専門職人が手作業したもの。まさに琳派な図柄の「紅葉に鹿」は、こっくりとした溜塗に白蝶貝で表した鹿、純金やシルバー、プラチナによる蒔絵と夜光貝の螺鈿で紅葉を細工。黒漆の「かきつばた」も純金や白蝶貝・夜光貝で飾られ、共に艶と華やぎがある逸品です。値段は少し張りますが一生物の品であることは間違いなし。美しく結い上げた髪を琳派で飾るのも素敵です。

かづら清老舗
●かづらせいろうほ
東山区四条通祇園町北側285
TEL 075-561-0672
10：00～19：00
休／水曜　取り寄せ／可
交／市バス「祇園」
MAP／38頁

丸二の「地紋」スタンプ

地紋―大雲・琴霞・大浪・観世水・飛露すすき・吉祥草（マット・栞入り）3,456円

木版に雲母《きら》や胡粉《ごふん》（貝殻粉）、金銀箔、粉、顔料などを使い、バレンではなく直接手のひらを使って摺りあげた「京からかみ」で、寺社や老舗旅館の襖などを彩ってきた同店。

そんな、「京からかみ」の魅力をもっと知って欲しいと作られたのが、京からかみの紋様を使った木製スタンプです。よく見ると、琳派作品の中にもよく登場する紋様ばかり。

縦横と連続して押すことで、葉書サイズ以上の大きな用紙に文様を作ることもできますし、カードや便箋《びんせん》等に押すことで、自分だけのオリジナルカードを作ることができます。

丸二
●まるに
下京区高辻通堺町東入ル泉正寺町462
TEL 075-361-1321
9：00～19：00
休／土・日曜、祝日　取り寄せ／可
交／地下鉄「五条」
※来訪の際は電話にて一報を。
MAP／126頁

京東都の「和片」

京都国立博物館シリーズ 京都国立博物館文化大使公認和片「竹虎図」702円
細見美術館公認・監修和片「金魚玉図」「鹿楓図団扇」 540円
他に「双犬図」「水辺家鴨図屏風」「桜に小禽図」などがある

なんと本書にも登場した、あの琳派のスター選手たちが、アイロンで好きなところに貼り付けられる和片《ワッペン》に。

手掛けたのは、ニッポンの伝統＝「京都」とニッポンの今＝「東京」を掛け合わせた刺繍《ししゅう》ブランド京東都。

神坂雪佳筆の「金魚玉図」、俵屋宗達の「双犬図」や鈴木其一筆の「水辺家鴨図屏風」、酒井抱一の「桜に小禽図」「鹿楓図団扇」、そして、尾形光琳の「竹虎図」まで登場。

一つだけを貼るもよし、複数をコラボさせて貼るのも面白そうです。

京東都 本店
●きょうとうとほんてん
東山区星野町93-28（東大路八坂通東入ル）
TEL 075-531-3155
11：00～18：00
不定休　取り寄せ／可
交／市バス「清水道」
MAP／126頁

唐船屋の「文箱」と「団扇」

オリジナル文箱　帆掛け舟（みずあさぎ）2,376円

大正一〇年（一九二一）、先斗町歌舞練場北隣に「唐船屋印刷所」として創業。今も昔と変わらず、カタログや包装紙、箱を初めとした印刷とそれに関連した様々な加工を手掛けています。

こちらは、そんな同店が企画したオリジナル商品。金色で描いた海原を走る帆船をデザインした文箱は、独自の手漉き和紙にシルクスクリーンで印刷したもの。和紙の優しい風合いと手触りが温かい雰囲気を出していますが、そういえば、琳派の漆塗り文箱や硯箱にもあってもよさそうなデザイン。

同店のデザインによるオリジナル作品ですが、かつて尾形光琳が本阿弥光悦や俵屋宗達に魅了されたように、やはり現代のデザイナーたちも何かしら「琳派」の影響を受けているのだと思わせる一品です。

オリジナルの図案を和紙にシルクスクリーン印刷し、千鳥型の団扇に。発色が美しい上に金や銀などを多用しても落ち着いた雰囲気にまとまっているのは、さすがの技術。竹製の団扇立て付きなので、インテリアとしても。
オリジナル団扇セット 2,484円

GALLERY&SHOP 唐船屋
●ギャラリー&ショップ からふねや
左京区東門前町505
TEL 075-761-1167
9:00~18:00（第1土曜~17:00、第2・第4土曜、日・祝日11:30~17:00）
不定休　取り寄せ/可
交/市バス「東山仁王門」
MAP/38頁

雨ごろごろ、竹くろー、松ほっこり（200枚綴り） 378円

裏具の「まめも」

花街・宮川町の路地奥に店舗を構える裏具は、葉書や一筆箋など、手紙まわりのオリジナル文具を扱うお店。店名は「嬉《うら》ぐ」気持ちから取った掛詞で、嬉しい気持ちや相手に贈りたい気持ちを伝える品品を提案しています。

人気の「まめも」は、縦7・5㎝、横3・8㎝という小さなメモ帳。切り離すこともできるので、ミニ便箋としても活用できる優れもの。柄は豊富にありますが、優しい和の色を使った、こちらの三点はどこか琳派を思わせる図柄。

プレゼントとしても、机の上にポンと置いているだけでも様になるステキな一品です。

裏具
●うらぐ
東山区宮川筋4丁目297
TEL 075-551-1357
12:00〜18:00
休／月曜（祝日の場合翌日）
交／京阪「祇園四条」
MAP／126頁

京都 便利堂の「絵はがき専用額」

絵はがき専用額　3,662円
神坂雪佳「十二ヶ月草花図」絵はがき　100円

美術館などで買った琳派作品の絵はがきを部屋に飾りたい、そんな時におすすめなのが、京都 便利堂のフレーム。

便利堂といえば、美術品の図録や図書の制作、コロタイプ印刷による文化財の複製で知られる老舗。またミュージアムグッズや絵はがき制作でも有名です。

そんな京都 便利堂オリジナルのフレームは、黒い木枠に白いマットというモダンな品で、中に入れる作品を選びません。でも、せっかくなら神坂雪佳の「十二ヶ月草花図」を納めてはいかが。季節に合わせて中の絵はがきを替えるのも素敵です。

美術はがきギャラリー 京都 便利堂
●びじゅつはがきギャラリーきょうとべんりどう
中京区富小路三条上ル西側
TEL 075-253-0625
10：30～19：30
休／水曜　取り寄せ／可
交／地下鉄「京都市役所前」
MAP／30頁

SOU・SOUの「がまぐち」

星桜雲斎 軟がま口「風雅」3,672円
星桜雲斎 軟がま口「笑顔の使者の宝さがし」3,672円

「新しい日本文化の創造」をコンセプトに、ポップな中にも、どこか日本の伝統柄を思わせるオリジナルのテキスタイルで、地下足袋や和装、雑貨の製造販売を展開するSOU・SOU。
昔ながらの伝統的な織物・染色技術を生かしながらも大胆な図柄は、どこか琳派風です。兎が描かれた「笑顔の使者の宝さがし」は、京都を代表する絵師・木村英輝氏とSOU・SOUのデザイナー脇阪克二氏とのコラボデザイン。中に仕切りがあるので、お財布だけでなく、ポーチとしても使えそうです。

SOU・SOU布袋
●ソウ・ソウほてい
中京区新京極通四条上ル中之町569-10
TEL 075-212-9595
11:00〜20:00
無休　取り寄せ/可
交/市バス「四条河原町」
MAP/126頁

Pagongの「Tシャツ」

半袖カットソー 金魚玉図（黄、M～LLサイズ） 10,800円
※Mサイズはレディースの9号サイズと同等

大正時代から続く友禅染の亀田富染工場の蔵で眠っていた伝統的な図案をアロハやTシャツとして生まれ変らせ、「Pagong」ブランドとして販売してきた同店。その斬新な図柄にファンが多い人気店です。

本作は、細見美術館の許可を得て神坂雪佳筆「金魚玉図」を友禅染で表現。金魚は中国で、お金があり余ることを意味する「金余」に発音が通じることから、金魚柄には金運上昇の祈りが込められています。雪佳の金魚に合うように、ポップな黄色でデザインされています。

Pagong 祇園店
●パゴンぎおんてん
東山区八坂新地清本町373
TEL 075-541-3155
11：30～20：00
休／水曜　取り寄せ／可
交／市バス「祇園」
MAP／38頁

永楽屋細辻伊兵衛商店の手ぬぐい「たそがれ」

たそがれ 1,728円

色付きかけた紅葉の下で二匹の鹿がたそがれているという一幅の絵を見ているようなデザインのこちらは、昭和六年（一九三一）に制作された手ぬぐいを再製した一品です。

　この手ぬぐいは、豊富なデザインの手ぬぐいや小物を扱う江戸初期創業の永楽屋細辻伊兵衛商店が、明治～昭和初期にかけて製造・販売していた品を型友禅の技法を用い「町家手ぬぐい」というシリーズで忠実に再現。

　同シリーズのデザインを見ていると、日本画の中にもアール・ヌーヴォーの気配がする、当時の琳派の風潮を感じさせます。

永楽屋細辻伊兵衛商店 本店
●えいらくやほそつじいへえしょうてん ほんてん
中京区室町通三条上ル役行者町３６８
TEL ０７５-２５６-７８８１
11：00～19：00
無休　取り寄せ／可
交／地下鉄「烏丸御池」
MAP／31頁

竹笹堂のスマートフォンケース「One Cover」

「白詰草」「ねこ」3,564円
（全8種類、iPhone6以外は受注生産になります）

明治年間に創業の木版摺りの老舗・竹中木版が展開する木版グッズを販売するお店です。

こちらはねこやマカロン、だるまなど、かわいらしくてカラフルなデザインが人気。一見、現代的ですが、その配置や意匠は大変琳派的。これらを見ていると、なるほど京都の中に息づいている美意識が感じられます。

そんな意匠をプリントしたスマートフォンケース「One Cover」シリーズは、京都の日本写真印刷株式会社が、その印刷技術を駆使し、木版らしい優しい風合いを大切に印刷したもの。

スマートフォンを使うたび、楽しくなりそうです。

竹笹堂
●たけざさどう
下京区綾小路通西洞院東入ル新釜座町737
TEL 075-353-8585
13：00〜18：00
休／日曜、祝日
交／地下鉄「四条」、阪急「烏丸」
MAP／126頁

ギャラリー高野の「ポチ袋」

ポチ袋（10枚）2,538円、（6枚）1,620円

法然院のほど近く、哲学の道のそばに建つギャラリー高野は、大正時代から美術出版を営んできた創業者の自宅一部を開放。明治～昭和初期の木版画や復刻活版、リトグラフなどを販売しています。

オリジナルのポチ袋やポストカード、一筆箋なども製造販売していますが、同店の魅力は、何といっても印刷も紙も本物ということ。

このポチ袋は、西陣織の人気帯デザイナー・大石浩司氏にデザインを依頼し、高級越前和紙にあえてシルクスクリーンで刷ったもの。大胆でモダンなデザインは俵屋宗達時代の琳派をも思わせます。

ギャラリー高野
●ギャラリーたかの
左京区鹿ヶ谷法然院町14
TEL ０７５－７７１－０３０２
11：00～16：00
不定休　取り寄せ／不可
交／市バス「錦林車庫」
ＭＡＰ／126頁

芸艸堂の「信号住の江図」木版画

72,360円（50枚限定、額装済み）

巻頭頁も執筆しているニッポン画家の山本太郎さんが、芸艸堂とコラボレーションしました。コラボした作品は『百々世草』の中から「住の江図」。山本さんらしいアイディアで松林の中に信号機を加筆（信号機＋松＝信号を待つ）。くすっと笑えるユニークな作品になりました。

一〇〇年前に彫られた版木と加筆部分の新たな版木を使い、人間国宝・岩野市兵衛氏の紙に京の摺師が再版。また今回は特別に洲浜部分に銀が雲母《きら》のように輝くように摺られているのも特徴です。巻頭でも述べているように、神坂雪佳をリスペクトしている様子も感じさせる名作です。

imura art gallery
●いむらあーとぎゃらりー
左京区丸太町通川端東入ル東丸太町31
TEL 075-761-7372
11：00〜19：00
休／日・月曜、祝日　取り寄せ／可
交／京阪「神宮丸太町」
MAP／126頁

お寺や神社で掘り出しものを見つけよう！

骨董市へ買い物に

京都には「弘法さん」「天神さん」と呼ばれて親しまれている二大縁日があります。それぞれ歴史は古く、お店の数も多いのが特徴。私だけの「琳派」を探しに出かけましょう。

弘法さん

東寺で開催される縁日。
弘法大師空海の命日である21日にちなみ、毎月21日に開催。広い境内には骨董屋、古着屋、植木屋、野菜や手作商品の露店など1000店以上が並び賑やかです。
東寺（教王護国寺）
毎月21日
5：00頃～16：00頃（店による）
交／近鉄「東寺」、市バス「東寺東門前」

どことなく琳派風の木版ポチ袋。
このまま額装しても素敵。

掘り出しもの発見！
手描きで絵付けされた琳派風の小皿６枚。

琳派風？

面白いものを探しに来た客で賑わう。

わらび餅の屋台でひと休み。

アンティークの着物屋さん。
２枚で1,000円などという店も。

どうやって使うのかは不明だが
菓子の型なのだとか。重いので
ペーパーウエイトとして。
千鳥と蝶の組み合わせが面白い。

波頭に松。
琳派紋様の着物。

昭和の雰囲気たっぷりののグラスは、よ～く見れば琳派とも言えなくない？！

天神さん

弘法さんに対して「天神さん」と呼ばれる北野天満宮の縁日市。菅原道真の誕生日6月25日、命日2月25日にちなみ、毎月25日に開催。こちらも骨董やガラクタに加え、お好み焼きなどの屋台や七味屋などが出店。露店は境内の外までおよび1000店以上も立ち並びます。

北野天満宮

毎月25日

夏・5：00〜18：00

冬・5：30〜17：30

交／市バス「北野天満宮」

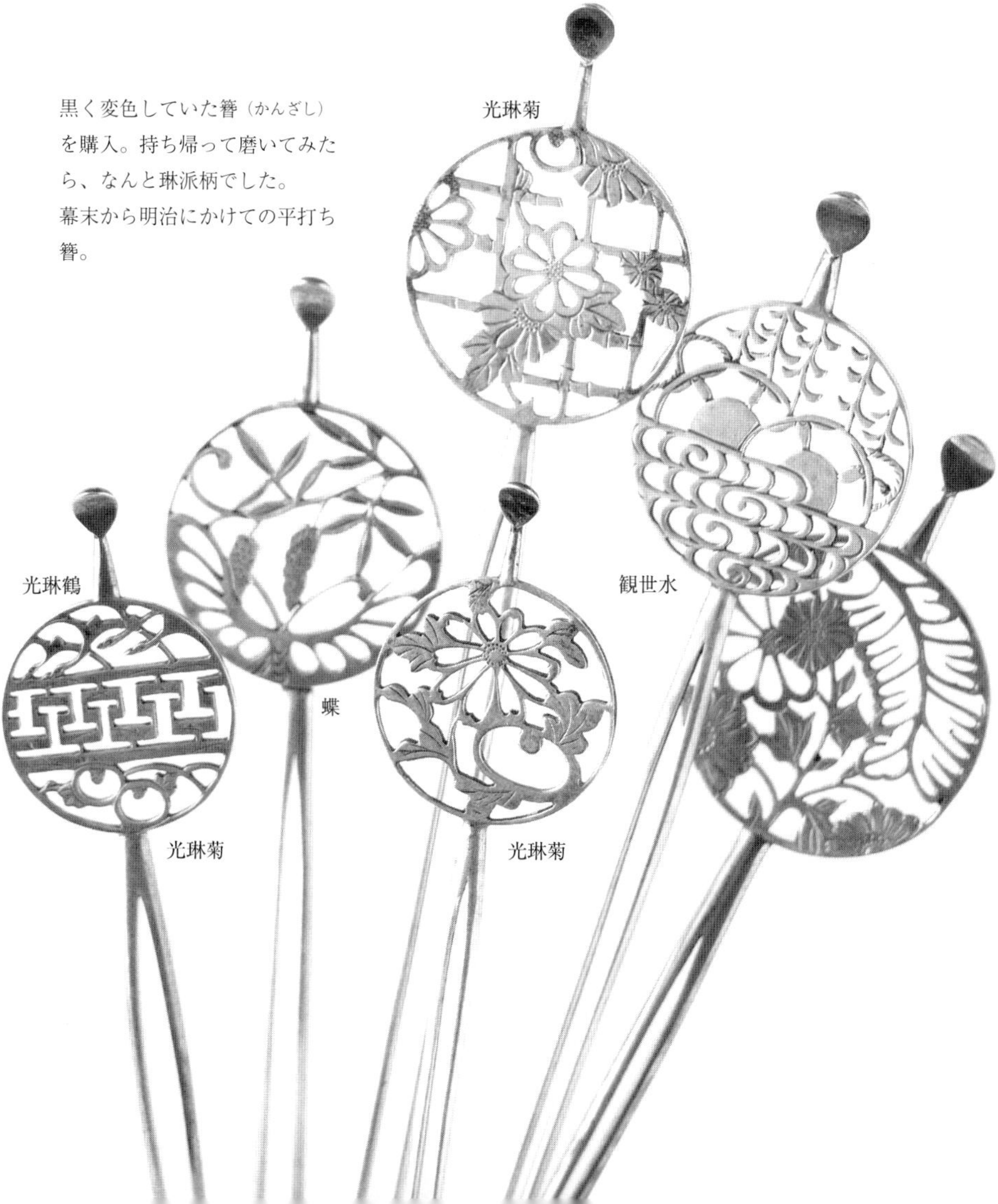

黒く変色していた簪（かんざし）を購入。持ち帰って磨いてみたら、なんと琳派柄でした。
幕末から明治にかけての平打ち簪。

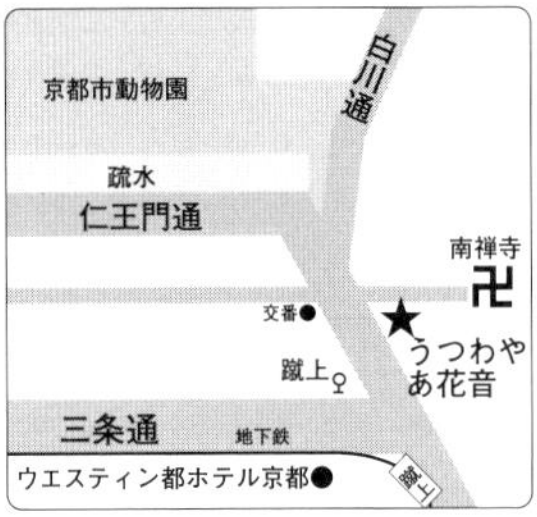

うつわや あ花音（P104）

imura art gallery（P121）

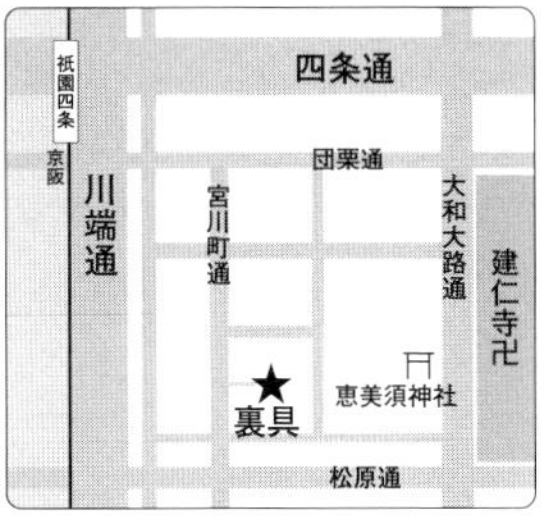

裏具（P114）

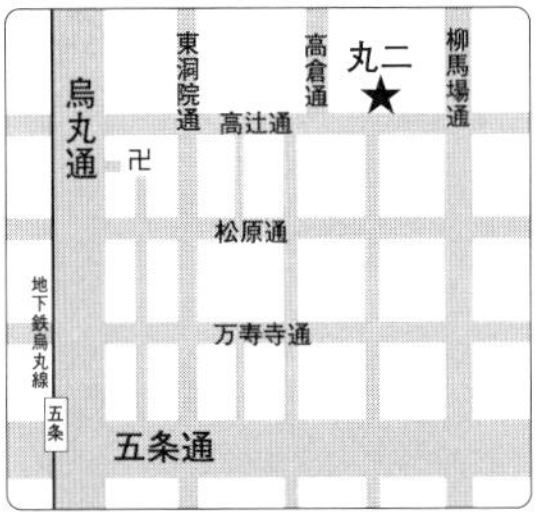

丸二（P110）

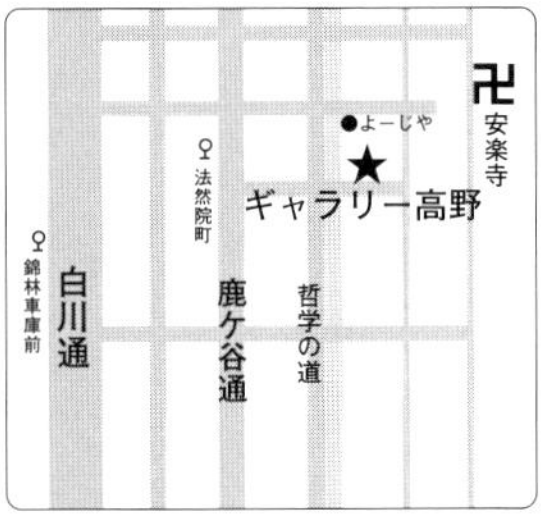

ギャラリー高野（P120）

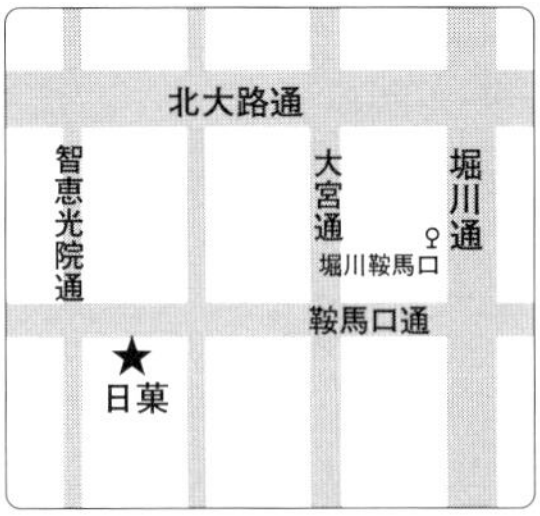

日菓（P92）

SOU・SOU 布袋（P116）

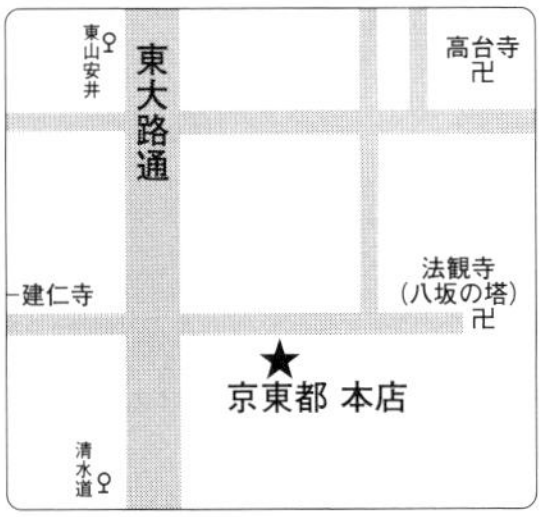

京東都 本店（P111）

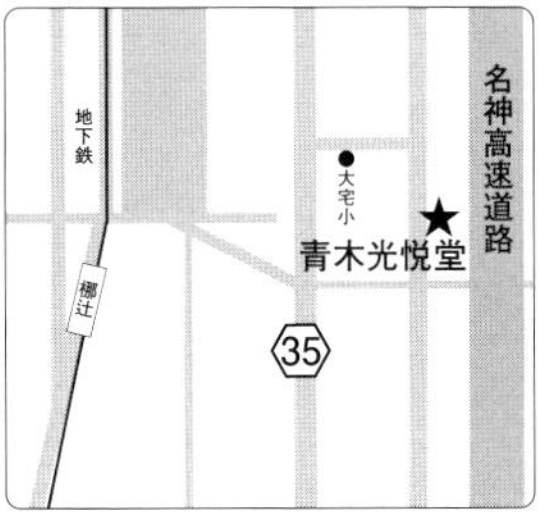

青木光悦堂（P98）

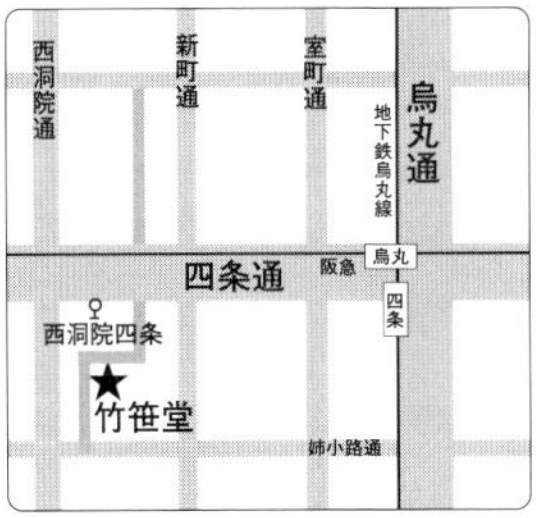

竹笹堂（P119）

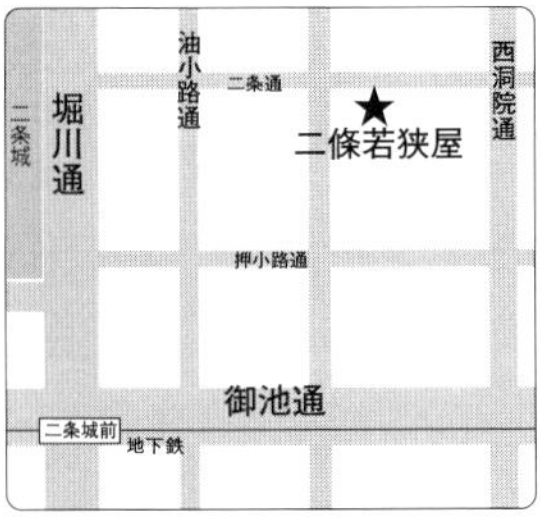

二條若狭屋（P94）

17 ～ 48 頁の「琳派をめぐる旅①～④」の地図に掲載できなかった店舗のみを掲載しています。

取材編集：佐藤和佳子
写　　真：山本剛史・佐藤和佳子
地図製作：西村　萌
モ デ ル：丹波麗子

・ご協力いただいた団体・社寺（順不同・敬称略）

細見美術館
京都国立博物館
樂美術館
芸艸堂
imura art gallery
京指物資料館
光悦寺
源光庵
常照寺
宮脇賣扇庵
養源院
建仁寺
粟田神社
岡崎神社
妙蓮寺
本法寺
妙顕寺

写真協力　吉村晋弥

京都を愉しむ
京都 琳派をめぐる旅

平成27年5月3日　初版発行

編　　者　淡交社編集局
発 行 者　納屋嘉人
発 行 所　株式会社　淡交社
本社　〒603-8588　京都市北区堀川通鞍馬口上ル
営業（075）432-5151
編集（075）432-5161
支社　〒162-0061　東京都新宿区市谷柳町 39-1
営業（03）5269-7941
編集（03）5269-1691
http://www.tankosha.co.jp

装幀・本文デザイン　KOTO DESIGN Inc.　山本剛史
印刷・製本　図書印刷株式会社

ISBN978-4-473-04020-6